DAS COISAS QUE NOS FAZEM PENSAR

O DEBATE SOBRE A NOVA TEORIA DA COMUNICAÇÃO

CIRO MARCONDES FILHO

DAS COISAS QUE NOS FAZEM PENSAR

O DEBATE SOBRE A NOVA TEORIA
DA COMUNICAÇÃO

DIREÇÃO EDITORIAL | Marcelo C. Araújo
COMISSÃO EDITORIAL | Avelino Grassi
Edvaldo Araújo
Márcio Fabri dos Anjos
COPIDESQUE | Wilton Vidal
REVISÃO | Thiago Figueiredo Tacconi
DIAGRAMAÇÃO | Marcelo Tsutomu Inomata
CAPA | Gustavo Fiori

© Ideias & Letras, 2014.

Rua Diana, 592
Cj. 121 - Perdizes
05019-000 - São Paulo - SP
(11) 3675-1319 (11) 3862-4831
Televendas: 0800 777 6004
vendas@ideiaseletras.com.br
www.ideiaseletras.com.br

Dados Internacionais de Catalogação na Publicação (CIP)
(Câmara Brasileira do Livro, SP, Brasil)

Marcondes Filho, Ciro
Das coisas que nos fazem pensar: o debate sobre a nova teoria da comunicação / Ciro Marcondes Filho. São Paulo: Ideias & Letras, 2014.

ISBN 978-85-65893-51-0

1. Comunicação 2. Comunicação - Teoria
3. Comunicação de massa 4. Comunicação digital
5. Meios de comunicação I. Título.

14-01352
CDD-302.2

Índices para catálogo sistemático:
1. Comunicação: Teoria: Sociologia 302.2
2. Teoria da comunicação: Sociologia 302.2

SUMÁRIO

APRESENTAÇÃO | 7

1. A QUESTÃO DO OUTRO, O SEGREDO | 13

2. EROS, ROSTO E O FEMININO: REVENDO LEVINAS
   Debate com Luiz Signates e Eliany Salvatierra | 25

3. A QUESTÃO DO DURANTE. KAIRÓS | 51

4. DO ACONTECIMENTO
   Debate com Lucrécia d'Aléssio Ferrara | 67

5. COMUNICAÇÃO E INCOMUNICAÇÃO
   Debate com José Luiz Braga | 89

6. DO QUASE-MÉTODO
   Gaston Bachelard e Clifford Geertz | 111

7. DESAFIOS METAPÓRICOS: A CONSTRUÇÃO DO RELATO | 137

8. DIFERENÇA ENTRE METÁPORO E RECEPÇÃO, ETNOGRAFIA
   Edgar Morin | 155

REFERÊNCIAS BIBLIOGRÁFICAS | 187

APRESENTAÇÃO

Em outubro de 2008, durante o Seminário Interprogramas dos cursos brasileiros de pós-graduação em Comunicação ("Compós"), realizado na Pontifícia Universidade Católica de São Paulo, foi feita a declaração de que *até hoje ainda não tínhamos começado a pesquisar a comunicação no Brasil*. A frase denunciava o fato de que, desde os anos de 1960, a chamada "pesquisa comunicacional" não passava de

Apresentação

um desdobramento, de uma "aplicação" de pesquisas de outras áreas (da sociologia, da antropologia, da ciência política, da psicologia, da psicanálise, da semiótica ou da semiologia), áreas essas tidas como mais sérias, mais consolidadas. Até então, a pesquisa eminentemente comunicacional não tinha nascido no país. Nem universidades, nem pesquisadores, nem centros ou núcleos de pesquisa haviam se debruçado sobre o fenômeno comunicacional *stricto sensu:* a comunicação propriamente dita, enquanto fenômeno e no momento de sua ocorrência, era o que menos aparecia nessas pesquisas. Havia amadurecido a hora, então, de se começar a pesquisar a comunicação nesse país.

Na primeira década do milênio, o Núcleo de Estudos Filosóficos da Comunicação (FiloCom), da Universidade de São Paulo, concluiu sua Nova Teoria da Comunicação. A Nova Teoria dedicou-se à construção de um *conceito de comunicação* aplicável a todos os fenômenos comunicacionais (presenciais; em situações de aula; veiculados pelos grandes sistemas de comunicação, como TV, imprensa, rádio; orientados a públicos específicos, como cinema, teatro, artes, dança; ou utilizados na internet), assim como à constituição de um novo procedimento de pesquisa, o *metáporo*, que buscava distanciar-se da rigidez dos métodos até então utilizados e propor uma maneira de se fazer a pesquisa em que o pesquisador fazia uma imersão no processo para melhor poder senti-lo e transmiti-lo àqueles que iriam consultar seu trabalho. Se a comunicação é um processo dinâmico, cabe ao pesquisador "envolver-se no movimento do próprio objeto", como sugeriu, no passado, Henri Bergson.

A Nova Teoria foi publicada entre 2010 e 2011 em cinco tomos de uma obra intitulada *O princípio da razão durante – a Nova Teoria da Comunicação*. Especialmente o volume 5 dedicava-se à tarefa de detalhar a proposta da Nova Teoria, expondo primeiramente sua dimensão ontológica, por meio da definição do que é comunicação como fenômeno distinto da informação e da sinalização. Mas não só isso, também caracterizando comunicação como algo que rompe, quebra, transforma nossas posições anteriores e cria outros sentidos. Como sugere Gilles Deleuze, comunicação seria *algo que violenta*. Esse mesmo volume voltava-se também à dimensão epistemológica, na proposta de um novo e revolucionário procedimento de pesquisa.

A divulgação e o debate dessa nova proposta foram feitos na Escola de Comunicações e Artes, da USP, em fins de 2010, num evento nacional que contou com a colaboração dos mais importantes representantes nacionais dos estudos, reflexões e pesquisas sobre a comunicação. O resultado disso foi a participação ativa, em 2011, de membros do FiloCom na reunião nacional da Compós, em Porto Alegre assim como em vários estados brasileiros, proferindo palestras sobre a Nova Teoria, debatendo com estudiosos locais todas as formas de comunicação (irradiada, eletrônica, presencial), surgindo daí novas questões, comentários, críticas, proposições que tiveram como resultado o aperfeiçoamento da Nova Teoria. Especialmente temas como a qualidade do fenômeno comunicacional, a natureza do acontecimento comunicacional (que o difere do acontecimento filosófico clássico), a questão da alteridade na comunicação, a temporalidade metapórica, os desafios do método, assim como a diferença que deveria ser estabelecida entre a nova proposta e propostas anteriores mais ou menos próximas, como a pesquisa da recepção da comunicação, a etnografia, as ciências cognitivas e a complexidade, especialmente de Edgar Morin.

O presente trabalho reúne esses debates. No primeiro capítulo, o tema é a questão do outro, da alteridade, aquilo que, conforme a Nova Teoria, define a possibilidade ou não de a comunicação ocorrer: eu só posso entrar numa relação de comunicação com o outro na medida em que abrir mão de meu fechamento, de meu isolamento, de meu solipsismo e considerar que é do outro e somente do outro que pode surgir algo que me transforme. A alteridade, especialmente nos dias atuais de empolgação com as possibilidades de envio de mensagens pelos *blogs*, *facebooks* e outras plataformas eletrônicas, torna-se o grande nó da (in)comunicabilidade.

No capítulo seguinte, desdobram-se um pouco mais as questões novas colocadas por essa teoria da comunicação, especialmente

Apresentação

o esmiuçamento da proposta de Emmanuel Levinas e sua tese de que o rosto é aquilo que me desmascara na comunicação, que me impede de "matar o outro", e sua afirmação de que o feminino seria a expressão da alteridade absoluta, portanto, da comunicabilidade.

Se o mais importante da comunicação é o momento de sua realização, o "durante" do processo, cabe, então, ir a fundo na busca de quando ocorre efetivamente esse momento, qual sua dimensão, em que ele iguala-se aos conceitos filosóficos de instante e de momento. Estaríamos falando da mesma coisa ou o momento preciso na comunicação, o lapso em que, de repente, tudo muda a partir de nossa exposição à alteridade, é totalmente distinto e específico? Isso é particularmente importante, visto que o tema do tempo já ocupou as preocupações de Martin Heidegger, assim como do pensamento oriental, sendo que a confrontação de ambos também é feita neste capítulo.

Efetivamente, o que mais importa a uma nova teoria da comunicação é a caracterização do acontecimento comunicacional. Trata-se de algo único, que não se repete, que não pode estar sujeito a iterações laboratoriais. Vivenciá-lo é senti-lo uma única vez. A professora Lucrécia d'Aléssio Ferrara, nesse debate, sugere mesmo uma dinamização do próprio substantivo, falando em *acontecimentalizar* o acontecimento, proposição essa que é amplamente debatida nesse capítulo do livro.

O novo conceito de comunicação sugere, também, que comunicação é um fato raro, improvável, e que passamos a maior parte de nosso tempo *não* nos comunicando. Se o desviar de nossas atenções para fatos que vão se tornar para nós *informação* já é uma ocorrência menor em nossas vidas, menor ainda será a ocorrência de comunicação. A realização para nós da comunicação é um fato discreto, sutil, subjetivo, apesar de ser uma transformação em alguma instância de nossas vidas. Mas ela não ocorre em graus, e sim como um salto: ou se dá ou não se dá. E nisso, nossa posição se contrapõe à do pesquisador José Luís Braga e sua visão do mesmo processo.

O capítulo 6 discute o metáporo. Traz à discussão, além dos autores que já foram utilizados em outras oportunidades (Husserl, Merleau-Ponty, Bergson), a presença de Gaston Bachelard, que, assim como a Nova Teoria, busca apreender o estético exatamente no momento de sua realização. Seus conceitos de ressonância e repercussão aplicam-se perfeitamente ao tratamento do fato comunicacional em relação aos efeitos posteriores que provoca. De certo modo, ele complementa Bergson, que nos tinha sido útil ao tratar do inverso, da evolução de um sentimento ou de uma emoção que vão redundar, no final, em uma virada excepcional no ser.

O relato metapórico é tema do penúltimo capítulo. A Nova Teoria dá importância extraordinária à maneira como a experiência do pesquisador é transportada para o papel ou para o registro linguístico. O desafio está em o pesquisador conseguir transferir para o relato o clima, a atmosfera, a ação dos agentes, seu jogo interno, o conjunto da interação social que possibilitaram a realização da comunicação. Tal empreendimento exige de cada um o desenvolvimento de um instrumento até então visto como secundário na produção científica: o esmero em escrever bem. A Nova Teoria aposta nisso: no valor que possui uma redação fiel, expressiva, convincente – tal qual ocorre na grande literatura –, para demonstrar, pela sua própria exposição, o valor de verdade contido na investigação.

Por fim, o último capítulo aparece para distinguir a Nova Teoria de outras práticas científicas que, à primeira vista, poderiam confundir-se com ela. Aqui se mostra essa diferença com nitidez, ao mesmo tempo em que se trabalha intensivamente na exposição daquilo que será o cerne das futuras pesquisas em Nova Teoria: o desdobramento da teoria da percepção, da afecção, das representações, que Bergson iniciou, agora aplicadas à ocorrência do acontecimento comunicacional, independente de leituras que dele posteriormente são feitas por outros saberes. Aqui, acreditamos nós, estaria o núcleo epistemológico da Nova Teoria, que tem a capacidade de torná-la o grande eixo para os estudos de comunicação do futuro, pois afastados os estudos

Apresentação

que tiram o foco de sua essência, vai trabalhar exatamente a forma como cada mente recebe a comunicação, o que se produz aí e que efeitos são detectados.

    É o começo de uma nova era para a Academia. Surge uma ciência da comunicação. E não era sem tempo.

Granja Viana

CAPÍTULO 1

A QUESTÃO DO OUTRO, O SEGREDO

Da diferença insignificante

Em nosso livro *Fascinação e miséria da comunicação na cibercultura* (Annablume, 2011), a discussão da alteridade inicia-se no capítulo 7, com a questão da diferença e da repetição. "Alter" é o mesmo que outro, o que difere, o que não repete a mesma forma. Ele necessariamente porta alguma característica que o separa, que o afasta do igual. Mas nem toda filosofia aceita esse estatuto de equivalência dos dois conceitos. Hegel, por exemplo, dá ênfase apenas ao idêntico, não permitindo "outro modo" de ser da coisa. No caso de sua dialética, a identidade não abre espaço para a diferença, diz Ángel Gabilondo. A dialética não libera o diferente, mas o mantém de certa maneira aprisionado: há no ser um ainda não ser. Por exemplo: *A* é um estado atual de uma sociedade (sua *tese*), nela já habita sua negação, um não *A* ou um *B* (sua *antítese*), que promoverá a viravolta e se tornará a nova realidade (a *síntese*). Fazendo as substituições, diríamos que há no não *A* o *B* em gestação, que ainda não o é. O *B* é o diferente, mas como a *Aufhebung* supõe uma reincorporação do estado anterior no novo estado, o Outro que irá surgir será corrompido pela identidade.

Heidegger não aceita a identidade, afirmando que o ser é diferença já na própria comparação com os outros animais. Só ele coloca a questão da existência: de onde venho? para onde vou? quem sou eu? Distinto dos outros, ele é eminentemente um "ser-aqui" (*Dasein*). A filosofia clássica já colocava a questão do ser, a pergunta "que ser é esse?". Só que ela buscava nele matrizes eternas e imutáveis, não reconhecíveis à primeira vista nos homens, e que seriam alcançáveis ao sábio. Isso, entretanto, foi catastrófico, na opinião de Heidegger, pois situou o homem a um patamar absoluto, ignorando os seres de carne e osso de nosso cotidiano, os *entes*. Ente é o existente, ou seja, o homem, o que "o homem realmente é". Já o ser, em Heidegger, é antes um verbo do que um substantivo, é o "estar-sendo" da coisa, é uma dimensão a ser descoberta pelo homem que vive uma existência inautêntica, trivial, distante da angústia de inevitabilidade da morte.

Contudo, alguns autores apontam que a diferença ontológica heideggeriana (esse descompasso entre ser e ente) já havia sido apontada por outros, antes de Heidegger, que falavam do plano do ato-ser e do plano dos *entes* concebidos como multiplicidade de suas manifestações (Marramao). Mesmo Nietzsche, em sua proposição do eterno retorno como um novo momento da identidade, produzido pela própria diferença, fala em termos de multiplicidade. Jamais algo surgirá completamente igual ao que já foi, surgindo em condições superiores ao que já havia. O que retorna, comenta Gabilondo, não é a identidade, mas o que a excede, seus múltiplos. Operam-se distinções formais, não diferenças ontológicas. Cada ser, assim, diante da diferença, permite seu próprio desdobramento, sua multiplicidade, que não é o mesmo que sua total metamorfose, mas sua alteração.

De qualquer maneira, não há, para Heidegger, a relevância do outro. A diferença não remete à alteridade, ela é intrínseca à postura existencial do homem no mundo. Ora, mas alteridade é também possibilidade de alteração, e essa se dá quando o eu volta-se, abre-se ao múltiplo, ao ato de encarar o outro no face a face, permitindo a irrupção desse outro. A diferença, nesse caso, não se contrapõe à repetição, mas à indiferença. É o que Gabilondo chama de *diferença insignificante*.

Acontece que essa abertura para o Outro pode ser algo assustador. Temos a tendência a evitar o estranho, a não admitir a provocação, a sufocar a intuição, como diz Rosane Preciosa. A própria língua pode ser esse Outro. Além de ela referir-se a uma diferença dentro da diferença, no plano dos signos – diz Derrida – ela própria é a alteridade, possuindo qualquer coisa de inabitável, de inóspita; cada ser falante, cada pessoa, sente, diante dela, comenta Gabilondo, certo expatriamento, um tipo de exílio: a língua é sempre algo que vem do outro, permanece no outro, volta ao outro (Gabilondo, pp. 208-209).

Para Olga Sabido, o Outro é aquele que é estranho, mas, ao mesmo tempo, atraente. São os forasteiros de Delumeau, que "sempre surgem como pessoas suspeitas, inquietantes, portadores de vícios e epidemias" (Sabido, 2009, p. 25). Assim, complementa ela, o estranho é tanto exótico e atraente como provocador de medo e até repulsa. "Mais que uma pessoa concreta, o estranho alude a um problema" (idem p. 26).

Nos detemos diante dele, mas foi exatamente esse Outro que nos constituiu, em nossa origem primeira, criando, para nós, uma *dívida* para com ele. Nem sempre a saldamos, em geral, buscamos fugir dele, excomungá-lo, como diz Baudrillard. A dívida é sugerida por Coelho Jr. e Figueiredo, que dizem que a alteridade é elemento constitutivo das subjetividades singulares. O *self*, em sua formação, contrai dívidas com a alteridade, necessitando saldar esse empréstimo, o Outro não pode ser abandonado (Coelho Jr. e Figueiredo, 2004, pp.10-11). Ele é a única saída que cada um de nós possui para sair "do inferno dos relatos", de que fala Finkielkraut (Carretero, 2009, pp. 123-124). A outra pessoa é "força eminente que rompe as cadeias que atam o eu ao si mesmo", é uma espécie de "milagre da saída de si mesmo" (idem).

Assim, necessitamos do Outro para nossa constituição; em um novo momento, recusamos o Outro por temê-lo, por ele ser desconhecido, suspeito, incerto, por nos trazer repulsa, medo. Mas, paradoxalmente, o Outro nos atrai em seu exotismo, em seu estranhamento, em seu mistério. Vivemos diante do Outro nessa ambiguidade, nesse jogo de avanços e retrocessos, de ousadias e cautelas, de curiosidade e pânico.

A constituição de nossas defesas e de nosso fechamento autoprotegido ordena-se em torno da significação. Nós construímos um sentido que nos protege, atribuímos significação, são nossas marcas, nosso rastro, nossa "identidade". Com ela, refutamos a ousadia do Outro, a descartamos. Mas assim, pagamos o preço de nossa paralisia, de nossa morte em vida, de nosso atrofiamento existencial. A diferença insignificante sugere o oposto. Nossa presença, os traços de nós mesmos evaporam-se quando, diante do Outro, reconhecemos nossa insignificância. A partir daí, retomamos o fio da vida.

Detalhamentos

Sobre Hegel, consultar Gabilondo, 2001, p. 51ss. *Sobre o "encaixe do outro".* Sabido, 2009, p. 35.

Sobre Heidegger, consultar Gabilondo, 2001, p. 79ss. *Sobre a irrupção do outro.* Gabilondo, Ángel, 2001, p. 14. Sobre Nietzsche, idem, p. 149ss.

Diferença ontológica já existia antes de Heidegger. O problema da diferença ontológica, isto é, da defasagem incomensurável entre *ser* e *ente* não é uma inovação de Heidegger, pois já o formularam em termos rigorosos os grandes pensadores árabes e judeus espanhóis. (...) Trata-se da distinção entre *esse* e *ens*, plano do ato-ser e plano dos *entes* concebidos como multiplicidade de suas manifestações (Marramao, 1992, p. 100).

Na comunicação, transportarmo-nos para o outro; da "hospitalidade". "Transformamos nossos pensamentos, nossas razões, quando podemos confrontá-los empaticamente com os pensamentos e as razões do outro. Nesse confronto, deixamos de saber o que antes sabíamos, e nessa perda ganhamos ao enriquecer de maneira nova nossos antigos pontos de vista. (...) Essa aprendizagem transforma o aparelho mental: de penetrante em acolhedor" (Maroni, 2008, p. 30).

Da resistência ao novo: evitamos o estranho; sufocamos a intuição. "Temos aprendido a frear a perplexidade diante das coisas, despistar os estranhamentos. Evitamos qualquer situação que nos arranque desse lugar estável no mundo que acreditamos possuir. Sequer chegamos à beira de nossos abismos para dar uma simples espiadela, para pesquisar o medo. Sufocamos nossa intuição, nossa zona de invenção, porque talvez seja arriscado demais lhe dar algum crédito, pode nos arremessar num beco sem saída, que nos force a abrir uma clareira em nós. Resistimos em construir outros universos de referência, preferimos repetir ideias encardidas, artificiais, viciadas, que às vezes podem até passar por novidade. Habitamos uma floresta de signos que murcham diante de nosso comodismo. Não admitimos ser provocados por eles, sequer somos suficientemente fluidos para nos engajarmos afirmativamente nessa rede de paradoxais acontecimentos chamada vida" (Preciosa, 2010, pp. 80-81).

Sobre a língua, ver Derrida, 1996. *Diferença e "diferensa" em Derrida.* Comentário de Gabilondo, 2001, pp. 180 e 195.

Carretero comenta Finkielkraut: "O anseio vital pelo Outro vai mais longe do que consumi-lo, possuí-lo, aliená-lo, reduzi-lo, mesmo que seja como sombra sem substância. Seu reconhecimento como alteridade livre para darmos um cheque em branco é a única saída do inferno desses relatos, na medida em que, por ele, dota-se a própria colocação no mundo com um tipo de relação social, que 'é o milagre da saída de si mesmo', e só secundariamente oscila entre os polos da harmonia e da guerra. Antes de ser a força alienante que ameaça, que ataca ou que enfeitiça o eu, a outra pessoa é a força eminente que rompe as cadeias que atam o eu a si mesmo, que o desobstrui, que o libera do aborrecimento, que o desocupa de si mesmo e que o libera, assim, do peso de sua própria existência" (Carretero, 2009, pp. 123-124. Comentando Alan Finkielkraut, *A sabedoria do amor*).

Intersubjetividade, o Outro e a questão ética

Coelho Jr. e Figueiredo fazem uma distinção entre Outro e outros (*alteri*, para nós: Outro e outrem). "Outro" seria, para eles, um *self* generalizado, enquanto que outrem seria *selves* diferenciados.

Tomemos por pressuposto que *Outro* seja um contexto que produz indivíduos em seu agir social, que os precede; que seja o "mundo" que os observa, que os estrutura, que opera sobre uma matéria-prima original. Nesse caso, ele é formado por pessoas, por ambientes, por cenários, por objetos, por produtos culturais. A pessoa que está ao meu lado, na minha frente, é "outro"; ela integra essa alteridade, esse *alter* generalizado que desafia meu *ego* específico. Nesse caso, não há diferença entre Outro e outrem, esse é parte daquele, mas apenas entre alter e ego.

Partindo-se da hipótese de que somente *alter* permite o desdobramento do ego e que para isso *ego* tem de se esvaziar de sua autoproteção e de sua significância, cabe considerar o trabalho que é necessário para realizar e efetivar a comunicação, ou seja, a transformação advinda da abertura à alteridade. Coelho Jr. e Figueiredo, apoiando-se em Emmanuel Levinas, propõem que é preciso o surgimento de uma intersubjetividade e que essa se dá mantendo-se certa distância entre eu e outro: "o Outro – o outro concreto e singular – precede o eu e exige trabalho e esforço, e onde há trabalho e esforço há inadequação, *dor e sofrimento*" (Coelho Jr. e Figueiredo, 2004, p. 15, grifo nosso). O outro, por ter a capacidade de quebrar minhas defesas e proporcionar uma revisão de meus procedimentos, será aquele "que me precede" e "sempre me excede", dizem eles. Isso, concluem os autores, faz que se instale uma intersubjetividade traumática.

Não fica claro por que motivo os autores insistem no fato de que a alteridade capacitadora da comunicação, a saber, de minha expansão e transformação, restrinja-se a indivíduos. Intersubjetivo implica necessariamente na situação "entre sujeitos". Ora, por que motivo seu conceito de alteridade está sempre subordinado à intersubjetividade e não ao conceito de Outro em geral, que inclui também objetos, obras, produtos culturais.

Os autores falam em quatro tipos de intersubjetividade: Além da intersubjetividade traumática de Levinas, há a trans-subjetiva de Scheler, Heidegger e Merleau-Ponty – que fala de um continente "engolfante da experiência subjetiva; a intersubjetividade do pragmatismo social e do interacionismo simbólico; e a intrapsíquica de Freud, Klein e Winnicott. A intersubjetividade traumática parece melhor se enquadrar nesses pressupostos da comunicabilidade. A irrupção da alteridade aqui se dá como acontecimento traumatizante.

Assim falam os autores: "Haveria, para Levinas, em cada processo de subjetivação, a experiência inalienável de uma *passividade radical*, que seria a condição subjetivante básica. Concebe-se a experiência subjetiva como abertura permanente e inevitável ao outro, em sua alteridade, que sempre ultrapassará, por princípio, 'a nossa possibilidade de recepção, acolhimento e compreensão e que, no entanto, como expressão do sofrimento, nos exige alguma resposta'" (Figueiredo). (Coelho Jr/Figueiredo, 2004, p. 20).

Capítulo 1 | A questão do Outro, o segredo

A experiência de subjetivação, explicam eles, não é composta apenas por processos em que a pessoa "engorda com alimentos assimiláveis vindos do outro" (idem, pp. 20-21), que a Nova Teoria chama de *informação*, mas também por convivências e transformações (que requerem e implicam trabalho – *travaglio*, em italiano, portanto, dor – dizem eles), ou seja, por *comunicação*. E essa pode ocorrer, como sugere Martin Buber, em seu conceito de eu-tu, entre pessoas e obra de arte, pessoas e animais, pessoas e árvores, e assim por diante. O "tu" não precisa necessariamente ser uma pessoa, um sujeito; qualquer produto cultural tem a capacidade de realizar a comunicação, não apenas seres humanos.

A alteridade engloba, assim, plenamente o Outro. Nos ambientes virtuais e de comunicação eletrônica não existe a forma presencial do outro, mas a virtualidade do Outro, e essa pode me proporcionar condições de comunicabilidade que encontro normalmente no presencial e na comunicação irradiada. Essas circunstâncias, não obstante, facilitam enormemente a camuflagem de si mesmo, apresentando-se como alteridade. Sugeri no livro *Fascinação e miséria da comunicação na cibercultura* dois tipos de escamoteamento da alteridade: a alteridade títere, como a de uma marionete, que é manipulada a distância e cujo operador permanece invisível, como é o caso dos avatares; e a alteridade mascarada, quando o operador cria outro nome, se atribui outro sexo, outra idade, outro local de residência ou de trabalho.

A alteridade, nesses casos, não desaparece, como sugere Baudrillard, mas torna-se despotencializada, inócua, mero brinquedo. O outro, em sua dimensão de forasteiro, que provoca medo e suspeita, deixa de existir, perdendo, assim, sua eficácia em poder permitir o desdobramento de nossa multiplicidade.

Em *Carnaval e canibal*, Jean Baudrillard fala que a revolução eletrônica seria uma astúcia animal criada pelo homem para escapar de si mesmo, assim como à responsabilidade monstruosa em que ele está agora superexposto (Baudrillard, 2008, p. 48). Mas ele não explica exatamente o que seria essa "responsabilidade monstruosa".

Ele remete o termo a Robert Musil, em seu *O homem sem qualidades*, que, em uma das citações, fala que "o homem, no caso ideal, acabará por não mais dispor de uma experiência privada e que o doce fardo da responsabilidade pessoal irá se dissolver na álgebra das significações possíveis" (idem, p. 54). Mas, responsabilidade pessoal em relação a quê? Ou a quem? Aparentemente, ele se refere à responsabilidade diante de si mesmo, pois, apesar de tudo, ainda poderia existir esse homem que continuaria "tendo uma vida própria", algo que seria "um absurdo aos outros" (ainda Musil, nesta citação).

O universo dos sonhos eletrônicos é, para Baudrillard, o ponto em que as pessoas sonham com a irresponsabilidade, com o retorno ao servilismo, com a entrega de si mesmas ao outro; em que buscam escapar de viver vivenciando experiências eletrônicas. Mas essa perspectiva, de certo modo, desacredita das chances de o Outro intervir e alterar esse quadro, pois, de maneira fatalista, o Outro já desapareceu e só sobrou o eu, que alimenta-se de si mesmo na espiral autorreferencial...

Mas há outro tipo de responsabilidade social que não se aplica somente à experiência privada nem alimenta o egocentrismo de um homem que apenas busca ter uma vida própria, distante desse mundo, saindo do "inferno dos relatos das redes sociais". A "saída de si mesmo", que Finkielkraut sugere, implica opostamente na sobrevivência e na persistência do Outro. Levinas fala de um compromisso ético para com o outro: esse outro que está na minha frente é a própria humanidade e eu não posso ficar indiferente em relação a ele/a ela; devo me submeter e reposicionar-me em função disso, em função de meu atuar no mundo.

Entramos aqui, assim, na questão ética. Paul Ricœur, falando sobre ética, propõe três tipos de relação: o polo "eu", o polo "tu" e o polo "ele". O argumento de Baudrillard, apesar de falar numa suposta "neutralização da alteridade", centra-se no indivíduo, ou seja, permanece no questionamento do polo "eu". O polo "ele", por seu turno, refere-se à criação de regras para um comportamento ético e sua vinculação à lei e aos costumes. No caso da comunicação e da alteridade, acreditamos que o polo "tu" seja aquele que mais se aproxima de nossa questão, pois refere-se ao diálogo e à questão da liberdade. Assim o define Ricœur: "Entra-se verdadeiramente na ética quando diante da afirmação por si mesmo da liberdade, junta-se a vontade que a liberdade do *outro* exista. *Eu* quero que *tua* liberdade exista" (2000, p. 571).

Estamos diante do "não matarás", de Levinas, diz Ricœur: "cada rosto é o Sinai de onde procede a voz que proíbe a morte" (idem). Eu desejo minha liberdade e desejo a liberdade do outro. Se eu não confiar nem acreditar na minha liberdade, tampouco acreditarei na do outro, não desejarei ajudá-lo na liberdade dele, nem ser ajudado por ele; não vou esperar nenhum socorro e o outro não deve esperar de mim nenhum gesto responsável, diz Ricœur.

Mas não precisamos abordar aqui *esse* desdobramento ético, pois estamos falando nesse momento apenas da comunicação. Importa, acima de tudo, no sentido de a liberdade do outro precisar existir, que esse outro e sua liberdade não apenas existam, mas que eu me volte a ela, a acolha. Mais além, diz Ricœur que "o outro me *requer* e (...), por essa requisição, tornei-me capaz da responsabilidade; Levinas diz mesmo: 'eu sou refém do outro' " (idem). Tampouco aqui o caso aplica-se: nos processos comunicacionais, eu não detenho o Outro *por ser responsável por ele*. Eu não sou responsável por nenhuma alteridade, minha relação ética está em outro ponto, especificamente, no fato de eu assumir a responsabilidade pelo que faço ou não faço, por voltar-me ao mundo, ao meu próximo, às coisas que me rodeiam e por não enfiar a cabeça na areia e esperar até que as coisas melhorem. E isso me é trazido pela incorporação do Outro. Aqui nos separamos de Levinas, visto que seu discurso da responsabilidade tende ao messianismo religioso. Nossa postura é, antes, política.

"Ser refém do outro" quer dizer que estou preso, retido pelo outro, que me aprisiona no meu compromisso de ser responsável por ele. Mas, o que ou quem está sendo ameaçado por esse sequestrador, que é o rosto de outrem? Possivelmente, minha prerrogativa de fazer o bem, que interessa a esse outro, que é outro nome para a humanidade. A ética, para nós, supõe um acordo, uma responsabilidade, um "assinar embaixo" do que se faz, ou seja, um compromisso consigo mesmo no sentido de romper com o egoísmo, o isolamento, o desinteresse, a apatia, o que não é o mesmo que a colocação de juízos como bem e mal, que pertencem ao campo da moral.

A comunicação também pode ter efeitos perversos, não necessariamente humanistas, ao promover transformações nos indivíduos que os conduzem à barbárie. Concordamos com Levinas em sua crítica ao hegelianismo e ao estruturalismo, dizendo que não somos apenas "falados por uma linguagem", por "efeitos de uma estrutura todo-dominante", "limitados a uma totalidade expressiva que traça os limites de nosso agir". Nossa dimensão ética supõe, também, necessariamente, a responsabilidade de um agir pessoal. Nada do que fazemos pode ser tido como neutro ou indiferente aos destinos dos outros.

A relação e a abertura com o Outro nos liberam caminhos, opções, alternativas, propostas, projetos, iniciativas. Isso é resultado da comunicação. Mas o que ocorre daí para frente, o que vai acontecer, é de responsabilidade de cada um e por isso ele responde perante si, seu povo e sua história.

Detalhamentos

Outro e outros. Ver Coelho Jr. e Figueiredo, 2004, p. 11.

O desaparecimento do Outro, em Baudrillard. "O processo fundamental é, sem dúvida, que todas as coisas correm na direção de sua abstração, segundo um desejo frenético de escapar à sua materialidade. Há uma espécie de ruptura progressiva com o mundo, na qual a fase terminal seria aquela em que o outro desapareceu, e em que não se pode mais alimentar – com um deleite mesclado de pavor e de desgosto – a não ser de si mesmo, todo o processo histórico se remetendo a uma espiral autorreferencial" (Baudrillard, 2008, p. 46).

Paul Ricœur e a ética. "Se eu cesso de crer em minha liberdade, se eu me tomo como inteiramente massacrado pelo determinismo, cessarei também de acreditar na liberdade do outro e não desejaria ajudar essa liberdade, nem ser ajudado por ela: eu não esperaria do outro nenhum *socorro*, como o outro não poderia esperar de mim nenhum gesto *responsável*. É toda a troca de atos mútuos de entrega que sucumbiriam. Inversamente, pode-se partir, como Emmanuel Levinas, apenas do rosto de outrem e tomar o rosto como a primeira transcendência em relação à ordem das coisas" (Ricœur, 2000, p. 571).

CAPÍTULO 2

EROS, ROSTO E O FEMININO: REVENDO LEVINAS

Debate com Luiz Signates e Eliany Salvatierra

Revendo Levinas

No capítulo 9 do livro *Diálogo, poder e interfaces sociais da comunicação* (PRD, tomo 4), há uma breve descrição da teoria de Emmanuel Levinas sobre o processo que leva o ser de sua situação inicial de desamparo, como alguém atirado no mundo, passando pela constituição da subjetividade, até atingir o terceiro momento,

Capítulo 2 | Eros, rosto e o feminino: revendo Lovinas

em que ele se situa no tempo. Inicialmente, diz Levinas, há um vazio, uma situação existencial de silêncio total. O sujeito é preenchido pela solidão, ele é apenas um *existir*. Desse estágio, ele passa para um segundo, tornando-se *existência*, já não mais um verbo, o ser agora será um substantivo, ele adquirirá um nome, resgatará um eu, sairá em busca de sua liberdade e procurará conhecimento. A isso ele chama de hipóstase. Já no terceiro momento, seu ego estando reforçado, ele sente-se ainda privado do outro, ele precisa romper a hipóstase e buscar a alteridade em Eros, na diversidade sexual, na qual não se fundirá com o outro, ao contrário, esse lhe será permanentemente estranho. Só a partir disso é que ele pode efetivamente se transformar, passar de um estado a outro, *devir*.

O tema da alteridade surge no Ocidente a partir da questão do holocausto, quando se pôs em xeque a questão da indiferença em relação ao destino das outras pessoas (a outrem) e ao conjunto geral formado por pessoas, cultura e pensamento de uma época (o Outro). Instituir o tema da alteridade é questionar exatamente essa indiferença. Para Levinas, a relação do sujeito com a alteridade deve ser um agir absolutamente "natural", desinteressado, não visando nenhum tipo de ganho ou generosidade recompensada. Para isso, o sujeito precisa realizar um trabalho anterior, com o próprio ego, um abandono de sua autossuficiência.

A redução do egoísmo de um ego autocentrado, ontologicamente fechado em si mesmo, se dá por meio do choque (Levinas chama de "trauma"), a saber, quando mergulhamos na infelicidade do outro e quando nos conscientizamos de nossa responsabilidade diante disso. Sendo indiferente, eu seria, então, o cúmplice da morte do outro.

Pode-se encontrar em todas essas frases de Levinas um forte traço religioso, que ele, ao contrário, insiste em negar, afirmando que seu discurso é meramente filosófico. A não indiferença em relação ao próximo, a assunção da culpa por algo que não se fez, a remissão do rosto do outro à ideia de Deus, a tomada da relação com o outro como uma forma de "santidade" seriam, para ele, contrariamente, confirmações de uma transcendência de caráter não religioso. O deus de que fala Levinas, diz François Sebbah, não é nada, seria apenas outro nome para a ética, numa acepção que nos faz lembrar Espinosa e seu conceito de substância, no qual tudo na natureza é seu modo ou atributo.

Como o que nos interessa aqui para o campo da comunicação é apenas a relação com a alteridade e a chance do devir, vamos nos manter nesse plano, evitando, assim, esses desvios religiosos na apropriação teórica e filosófica desse autor.

Detalhamentos

Levinas e a transcendência não religiosa. A esse respeito, consultar Saint Cheron, 2010, p. 13.

Sobre a gratuidade em Levinas. "Eu procuro uma relação em que minha obrigação, meu despertar em relação a outrem, minha ligação a outrem não seja, de maneira alguma, uma ligação, uma generosidade recompensada. De sorte que pensei sempre que há, na relação com outrem, um elemento de gratuidade total, de desinteresse absoluto, e acabo de constatar a própria reciprocidade desse bem que se manifesta nessa relação" (Levinas, in Saint Charon, 2010, p. 35).

Sobre o trauma, a infelicidade e a responsabilidade. "Precisemos ainda que a tonalidade feliz só faz *preceder*, de certo ponto de vista, a relação com o Outro, que, na medida em que seria essencialmente traumática, nos mergulharia na infelicidade ao mesmo tempo que na responsabilidade – as apreensões com a preocupação com o Outro. Não, a relação com o Outro enquanto tal pode também ser aureolada de felicidade, e mesmo a fonte de certo tipo de felicidade bem particular: a volúpia" (Sebbat, 2010, p. 68). *O outro: meu próximo.* "A morte do outro homem me questiona como se, dessa morte invisível de outro que se expõe aí, eu me tornasse, em razão de minha eventual indiferença, o cúmplice; e, como se, antes mesmo de lhe ser apegado, eu tivesse que responder por essa morte do outro e de não deixar outrem só em sua solidão mortal. É precisamente nessa chamada da minha responsabilidade pelo rosto que me marca, que me pede, que me reclama, é nesse questionamento que outrem é meu próximo" (Levinas, 1995, p. 45).

"Deus" em Levinas não é nada. "Quando se aborda a questão da teologia em obra na filosofia levinasiana, não se deve esquecer que o lugar originário de Deus é a ética. 'Deus' não é nada, ele realiza o sentido (*il fait sens*), ele é o nome do sentido em obra nas situações concretas da vida" (Sebbah, 2010, p. 57).

Sobre o rosto

Comunicação e alteridade têm a ver, em Levinas, com o rosto e com Eros. O rosto do outro é algo que eu vejo desarmado e o que me faz igualmente me desarmar diante dele. Forma escorregadia que me confunde, que se espera que se fixe numa forma, que amolde feições, como diz Rosane Preciosa. Semelhante à intuição, o rosto permite a apreensão imediata e perfeitamente clara de algo abstrato (de uma ideia, obtida pelo espírito, como dizia Descartes). Para Bergson, a intuição consegue atingir algo distinto da inteligência – que busca conhecer a matéria –, sendo ela a única maneira de conhecer verdadeiramente o espírito. Como ela, o rosto, em Levinas, é algo que aparece "sem conceito", que vem puro e despido, e permite que o real surja verdadeiramente para mim e que signifique. Como diz Lipsitz, sua manifestação só pode ter lugar como *epifania* e não como síntese resultante de alguma relação de conhecimento.

O rosto é uma categoria central em Levinas. Não devemos confundi-lo com o rosto empírico, o rosto estético, o belo e o feio, mas vê-lo, antes, como a "face humana". Isso quer dizer: um rosto fala por si, expõe diante de nós a existência humana, nos deixa sem palavras. Ele não é uma fala, um relato, um discurso sobre um ferimento, ele é o próprio ferimento aberto, exposto, "cratera da interioridade".

O rosto da mãe é nosso primeiro rosto conhecido. Diz Levinas que é a primeira mulher ante cujo olhar amoroso e existente se desprende pela primeira vez do seu anonimato do mero existir. É também, segundo ele, aquilo que impede a violência, aquilo que diz "não" pela sua própria expressão nua, sem defesa. De fato, diz Levinas, o que caracteriza a tirania é o fato de não olhar no rosto o ser ao qual se aplica a ação (Levinas, 1994, p. 45). A epifania do rosto como rosto abre a humanidade (...) nos olhos que me olham (idem, 1990, pp. 234-235).

O conceito de rosto nos remete à ideia de infinito em Levinas. Infinito, por um lado, é o brilho exterior do rosto do outro, é algo que se produz quando entram em relação o Mesmo e o Outro, é o ato de receber de Outrem algo além da capacidade do Eu. Por outro lado, infinito é algo que vem substituir o termo totalidade (especialmente hegeliana ou estruturalista) que ocupou por muito tempo a filosofia e que não se adapta à filosofia levinasiana, especialmente sua ética.

Detalhamentos

Rosto = Deus. Em certa altura, Levinas fala que rosto é Deus (pelo rosto ouve-se a voz de Deus, Deus vem à mente). O comentador Michael Saint Charon, contudo, vai dizer que, a partir da epifania do rosto, Levinas vai chegar a uma transcendência que não se define mais por uma relação com Deus, mas com a misericórdia e a responsabilidade (2010, p. 64). "A descoberta do rosto do outro homem na responsabilidade em relação a ele é a forma pela qual se ouve a voz de Deus. (...) A vinda de Deus à mente (à l''idée) é certamente contemporânea da responsabilidade assumida em relação ao rosto de outrem" (Levinas, citado por Charon, 2010, p. 45).

Rosto: forma escorregadia, algo a ser desvendado. "Parecia ter nascido sem intenção de profundidade. Faltava-lhe um fundo, acredito eu, um centro organizador de si mesmo, que expedisse um retrato que fosse, algo que representasse a pessoa, um encaixe psicológico qualquer que formulasse um enredo. Eu estava diante de uma forma escorregadia e isso tudo me confundia muito. (...) Um rosto existe para ser desvendado. Há sempre uma expectativa de que ele fixe uma forma, amolde feições, seja formulável. Para onde teria escapado aquele rosto? Mas algo se produzia ali, desconcertantemente de outro jeito, eu sentia isso e não encontrava um modo de dizê-lo. (...) Talvez requisitasse de mim um olhar desarmado. Quem sabe, eu não devesse adequá-lo aos meus horizontes anestesiados" (Preciosa, 2010, p. 70).

Rosto: desarmado e suprema autoridade. "O rosto é senhoria e o próprio sem-defesa. O que diz o rosto quando eu o abordo? Esse rosto exposto ao meu olhar está desarmado. Qualquer que seja o conteúdo que ele se dê, que esse rosto pertença a um personagem importante, etiquetado ou de aparência mais simples. Esse rosto é o mesmo, exposto em sua nudez. Sob o conteúdo que ele se dá, manifesta-se toda sua fraqueza e, ao mesmo tempo, surge sua mortalidade. A tal ponto que posso querer liquidá-lo completamente, por que não? Entretanto, é aí que reside toda ambiguidade do rosto e da relação com o outro. Esse rosto do outro, sem abrigo, sem segurança, exposto ao meu olhar em sua fraqueza e sua mortalidade, é também aquele que me ordena: 'não matarás'. Há, no rosto, a suprema autoridade que comanda, e eu digo sempre, é a palavra de Deus. O rosto é o lugar da palavra de Deus. Há a palavra de Deus em outrem, palavra não tematizada" (Levinas, 1995, p. 114).

Rosto é a "intuição" de Bergson. "(...) o rosto, na medida em que não é um fenômeno como os outros no meio de tudo aquilo que aparece, na medida em que não 'funciona' simplesmente – para o melhor ou para o mais perigoso do pensamento – como um conceito, longe de resumir a filosofia levinasiana, é a intuição, no sentido de Bergson, que a governa inteiramente (a filosofia de L.), [é] o nome daquilo que ela nos manda aprender a experimentar para que o real apareça verdadeiramente, signifique" (Sebbah, 2010, p. 39). *Expressão: relação direta por excelência.* "É nisso que a expressão difere de qualquer símbolo, que, nos relatos, anunciam, pela sua revelação, o misterioso e o escondido. A expressão não é menos direta que a intuição, mas mais direta. É uma relação direta por excelência. É uma verdadeira 'fenomenologia' do númeno que se realiza na expressão" (Levinas, 1994, p. 51).

O outro aparece como epifania, não como resultado de conhecimento. "Ser outro *não é outro modo de ser o mesmo.* O próximo não é um *alter ego.* 'Ser outro' significa exatamente outro ser. Sua outredade é a tal ponto radical que não disponho do meio adequado para manifestá-la: nada em seu aparecer depende de mim. Por esse motivo é que sua manifestação só pode ter lugar como epifania e não como síntese resultante de alguma relação de conhecimento: a automanifestação de sua outredade tem lugar fora da representação, em uma relação excepcional que é a sociedade de dois" (Lipsitz, 2004, pp. 127-128).

Rosto não é o rosto empírico, mas "face humana". "Com a 'epifania do rosto', não se trata mais do rosto sob a forma plástica segundo os critérios de belo ou de feio, de jovem ou de velho, mas do rosto além de sua aparência, por essência, enganosa ou efêmera, em sua dimensão única de face humana" (Saint Cheron, 2010, p. 69).

Rosto como puro ferimento. Outra maneira de dizer isso é a contraposição que Levinas faz entre o *dizer* e o *dito.* No dizer, exponho-me ao outro, como minha pele que se expõe a algo que lhe fere, como um rosto que se oferece àquele que lhe bate, diz Levinas. O dizer, portanto, está antes, aquém das diferenciações, é o *uno,* nem verbo nem substantivo, ele é anterior aos signos verbais. Para o dizer, aquele que fala não é um "objeto desvelado para a teoria", ele é alguém que "se descobre negligenciando-se de defender, deixando o abrigo, expondo-se ao ultraje" (Levinas, 1994, p. 188). Dizer, portanto, para Levinas, é o contato, a carícia, é ferimento, nunca um saber dessas coisas (idem).

O primeiro rosto: a mãe. "Talvez expresse essa intuição de Levinas a epifania da mãe ao filho, o descobrimento do primeiro 'rosto', a autoposição da primeira mulher ante cujo olhar amoroso (*ante cuya amante mirada*) se desprende, pela primeira vez, o existente do anonimato do 'il y a'" (Lipsitz, 2004, p. 146) *Nota*: "A partir de *Totalidade e infinito* (1984), a temática de Eros e, junto com ela, os conceitos ideados para abordá-la cederão paulatinamente seu lugar a uma aproximação 'ética'. Nesse novo contexto metafísico, Levinas chegará a reconhecer a alteridade do terceiro, o fenômeno da transcendência, em cada rosto, abolindo, em certa medida – talvez nunca totalmente avaliada – o privilégio inicial da mulher" (Lipsitz, 2004, p. 200).

O rosto impede a violência. É a impossibilidade de matar. "A absoluta nudez do rosto, esse rosto absolutamente sem defesa, sem cobertura, sem vestimenta, sem máscara, é, contudo, aquilo que se opõe ao meu poder sobre ele, à minha violência, aquilo se opõe aí de uma maneira absoluta, de uma oposição que é oposição em si. O ser que se exprime, o ser que está diante de mim me diz *não*, pela sua própria expressão. Esse *não* não é simplesmente formal, mas, tampouco, o de uma força hostil ou de uma ameaça; ele é impossibilidade de matar aquilo que apresenta esse rosto, ele é a possibilidade de encontrar um ser através de uma interdição. O rosto é o fato, para um ser, de nos afetar, não no indicativo, mas no imperativo, e de ser assim exterior a qualquer categoria" (Levinas, 1994, p. 52).

Eros, o feminino e a comunicação

Eros, em Levinas, relaciona-se com o devir, portanto, com a comunicação, na forma como entende a Nova Teoria. A comunicação necessita do Outro, de seu mistério, de sua incognoscibilidade para se realizar. O feminino, em Levinas, junta as duas coisas: é a alteridade por excelência e é promessa do devir.

Feminino é alteridade por excelência porque o primeiro rosto é o acolhimento do outro em si (como, por exemplo, na gravidez), mas é também a metáfora da hospitalidade, da hospedagem. Na comunicação, o desejo me escava, abre-me para poder acolher o Outro, o diferente, o estranho. Ele faz romper os diques de minha autossuficiência, de meu ego autocentrado.

Por isso, eu não posso me fundir no outro, comunicação não pode ser fusão, é preciso que se mantenha a separação para eu poder realizar o devir. Isso é o que Levinas chama de "além-rosto". Mais além do rosto, aparece o mais íntimo como sendo o mais distante: como nenhuma outra experiência humana, Eros revela que aquilo que do *outro* vinha a mim como o mais seu, também escapa. O outro está próximo, mas, ao mesmo tempo, está distante.

No livro *Homem & Mulher – Uma comunicação impossível?*, discuti a questão da posse, que Jacques Derrida metaforiza por meio da lógica do hímen. A mulher que possui o hímen é virgem, apta para o casamento. A posse do hímen é passaporte para a constituição da família, marca de sua situação não penetrada. Ao casar-se, perde o hímen, ou melhor, o hímen se rompe; ela perde, mas não perde, dá mas não dá. Se a lógica do feminino é entrega total, é dar-se à relação, é acolher o outro, portanto, desapossar-se, ao praticar a "gráfica do hímen", ela retém... Entrega-se, mas também incorpora. Como no ato sexual, ela dá sua vagina, mas retém o pênis, dá segurando, dá capturando. O homem recebe aquilo que a mulher dá, mas não recebe coisa alguma, não fica com nada.

Para o homem, amor é posse, mas ele jamais tem a posse real do outro. Na alteridade feminina de Levinas, o feminino é esse outro que me acolhe em casa, um acolher sem que eu o possua, pois, diz ele, a posse me impede de ver as coisas em si mesmas: não devo me apossar, só preciso saber dar o que possuo. Esse é o ponto-chave da lógica da posse ou da *propriação*, como chama Derrida: um dar-se sem que o outro possa se apossar. Ela não se dá de fato, inteiramente, mas, nesse ato, ela incorpora o outro.

Por isso, Levinas diz que o feminino é a alteridade *tout court*. No momento em que eu a possuir se dissolverá sua alteridade radical, ela deixará de *ser*. O outro não pode ser aqui um objeto que se torna nosso; ao contrário, ele se retira em seu mistério. Dualidade dessimétrica e insuperável dos seres. Daí Levinas dizer que os amantes nunca se encontram no mesmo plano, não têm jamais nada em comum.

A comunicação, assim, para Levinas é a conjugação do Mesmo + Outro + Infinito, entendido esse último como "rosto" ou o ato de receber algo do Outro. Uma relação dessimétrica e não fusional. Exemplo disso é a situação de ensino, como uma relação que "faz nascer", faz nascer o sujeito para si mesmo, assim como para o mundo.

Detalhamentos

O feminino e a temporalidade. "(Eros) É a relação com a alteridade, com o mistério, isto é, com o devir, com aquilo que num mundo em que tudo está aí, jamais está aí junto, com aquilo que pode não estar aí quando tudo está aí" (Levinas, 1979, p. 81). "De fato, penso que haveria, no feminino, promessa do devir. O feminino é, no humano, como o êxtase do devir. (Na conferência sobre Eros) a temática do carinho como espera do devir puro já estava presente" (Levinas, citado por Saint Charon, 2010, p. 45).

Sobre o escavar. Consultar Sebatt, 2010, que fala: "O sujeito se absorve do Outro no desejo que o escava", (...) o Outro permite a mim mesmo me escavar (p. 66).

O devir a partir de Eros. Em *Da existência ao existente*, Levinas fala que só em Eros, na relação com o outro que não ocorre pela comunhão, pelo colocar-se em seu lugar, mas pelo mistério, o sujeito pode invadir o devir. Nesse caso, o outro não é um alter ego, mas é aquilo que não sou e só no feminino a alteridade do outro permanece pura. A dualidade sexual, aqui, não tem nada a ver com fusão, mas é um eterno esquivar-se do outro. O outro não será jamais minha posse, ele retira-se em seu mistério.

Eros está mais além do rosto. "O rosto não é o ponto mais distante a que pode aceder o existente. A ética não é a última experiência na qual se joga o humano. É possível ir mais além. Mais além do rosto se levanta o mundo de Eros, no qual há de se consumar o escape do ser por meio da sociedade de dois. Em Eros, já fora do sujeito e do objeto, fora do eu e do tu, os amantes não serão levados como no discurso de Aristófanes à unidade do *mesmo*. Mais além do rosto, oferece-se o mais íntimo como o mais distante: como nenhuma outra experiência humana, Eros revela que aquilo que do *outro* vinha a mim como o mais seu, também o escapa" (Lipsitz, 2004, p. 149).

Próximo é o que está distante (*Eros é preservação da separação*). "(...) a maior aproximação possível do outro colocará em evidência sua distância absoluta. De fato, só pode estar mais ou menos próximo aquele que permanecer totalmente separado. (...) 'O que se apresenta como fracasso da comunicação no amor constitui precisamente sua presença como outro'" (Levinas, *Le Temps et l'Autre*. Paris, PUF, 1948, p. 89, citado por Lipsitz, 2004, p. 146).

O outro não é minha posse. "A diferença de sexos não é, tampouco, a dualidade de termos complementares.(...) Ora, dizer que a dualidade sexual supõe um todo é colocar, de início, o amor como fusão. O patético do amor consiste numa dualidade insuperável dos seres. É uma relação com aquilo que se esquiva para sempre. A relação, assim, não neutraliza *ipso facto* a alteridade, mas a conserva. O patético da volúpia está no fato de ser dois. O outro enquanto outro não é aqui um objeto que se torna nosso ou que se torna nós; ao contrário, ele se retira em seu mistério" (Levinas, 1979, p. 78).

No erótico, a relação com o absolutamente outro. "O que permanece incompreendido é que o erótico – analisado como fecundidade – recorta a realidade em relações irredutíveis às relações de gênero e de espécie, de parte e de todo, de ação e de paixão, de verdade e de erro; que pela sexualidade o sujeito entra em relação com o que é absolutamente outro – com uma alteridade de um tipo imprevisível em lógica formal – com o que permanece outro na relação, sem jamais se converter em 'meu' " (Levinas, 1961, p. 255). "... Eros parece ter sido conduzido integralmente pela diferença sexual, que não é, lembremo-nos, nem contradição, nem dualidade de termos supondo um todo, mas *dualidade dessimétrica e 'insuperável' dos seres*" (Calin e Sebbah, 2002, p. 22, grifo nosso, citando Levinas, em *O tempo e o outro*, de 1948).

Amantes: nunca têm nada em comum. "Os amantes de Levinas, em compensação, vão estabelecer uma relação sem reciprocidade; nunca se encontram no mesmo plano, nada têm em comum, nada os alberga" (Lipsitz, 2004, p. 147).

Comunicação é Mesmo + Outro + Infinito. "A comunicação articula-se em torno de três categorias fundamentais: o Mesmo, o Outro e o Infinito" (Pierre Hayat em: Levinas, 1994, p. 23). O mesmo é a tradição dominante na filosofia ocidental; hegemonia do sujeito. "É a partir da categoria do 'Outro' que Levinas contesta os filósofos da autonomia. Mas Levinas não substitui o Outro pelo Mesmo, nem identifica o Outro ao Bem, como uma leitura superficial ou polêmica poderia levar a crer. Porque Levinas não trata do Outro, mas da socialidade ou da 'relação com o outro como tal'. [...] Levinas não discursa sobre o infinito em si, nem sobre Deus. Porque a ideia de infinito em Levinas assume uma significação relacional: ela permite exprimir a 'relação que liga o eu a outrem' " (Pierre Hayat em: Levinas, 1994, pp. 23-25).

O ensino: forma paradigmática de relação com a alteridade. "O acontecimento que o coloca como sujeito faz o real para ele *significar,* o que quer dizer: esse acontecimento lhe faz experimentar a aparição daquilo que existe, (que) ao vir faz vibrar o espetáculo, sempre já congelado em substâncias individuais, do mundo. No sentido estrito, a relação de ensino faz nascer; ela faz nascer o sujeito para si mesmo (*le sujet à soi*), e o faz nascer para o mundo, muito paradoxalmente interrompendo a quietude de si mesmo e a quietude substancial das coisas, a quietude do eu entre as coisas" (Sebbat, 2010, p. 65).

A discussão do Outro e da comunicação. Debate com Luiz Signates e Eliany Salvatierra

Em "Comentários sobre o texto 'De repente, o prédio falou comigo'", apresentado por mim na reunião anual da Compós, de 2011, em Porto Alegre, Luiz Signates aponta algumas críticas ao meu texto:

1. A comunicação, para mim, *não seria propriamente a relação ao Outro, conforme expõe Levinas, mas uma relação que se realiza num "evento" ou num "acontecimento". Assim, ela não estaria na relação, mas em seus resultados.*

A comunicação não pode existir sem a presença da alteridade. É sempre uma relação com algo/alguém que não sou eu. É, portanto, visceralmente dependente da existência do Outro. Heinz von Foerster, citando Einstein, diz que uma hipótese, válida para dois fenômenos separados, tem de valer ao mesmo tempo também para os dois: habitantes da Terra e habitantes de Vênus podem ambos concordar quando afirmam ser o ponto central do universo, mas suas aspirações caem por terra quando se batem uma contra a outra (Von Foerster, 1985, pp. 40-41). O solipsismo desaparece quando sou obrigado a ter de reconhecer a existência de outro organismo autônomo: eu sou livre para aceitar ou para refutar o princípio; refutando-o serei o ponto central do universo, "minha realidade são meus sonhos e meus pesadelos, minha língua é um monólogo, minha lógica uma monológica. Mas se eu aceito o princípio, nem eu nem nenhum outro pode constituir o ponto central do universo". Um terceiro, o sistema heliocêntrico, forma o ponto central de referência (idem).

Mas esse Outro não é apenas a figura que demonstra que eu não estou só no mundo, que me extrai de meu solipsismo, é também alguém que me desafia, sugere Levinas. Em me desafiar, exige que eu tome uma atitude: agir ou não agir, avançar ou recuar, abrir-me ou fechar-me. Exatamente nesse ponto, no meu ato de resposta ao outro que me solicita, pode se realizar ou não a comunicação e aí, de fato, ocorrer algo. Não basta existir o Outro e esse Outro me desafiar, eu preciso *realizá-lo*. Do meu jogo recíproco com esse Outro, do que dele eu apreendo e incorporo, desse desafio que ele me propõe, posso dissolver meu bloqueio e me transformar. Ocorrendo isso, a relação com o Outro provocou o evento ou acontecimento comunicacional. Se não for considerado o resultado, a relação será incompleta ou tenderá à confirmação do que já existia em mim.

2. Meu texto diz que a fala seria simulação, maquiagem, falsificação, portanto processo secundário, enquanto que rosto seria corpo falando, inconsciente, processo primário. Haveria uma sobreposição do rosto físico ao conceito de rosto em Levinas. O rosto físico seria a natureza que estaria sendo contraposta à cultura. Segundo Signates, rosto, para mim, não seria um princípio filosófico, mas a face do Outro--enquanto-pessoa, por isso, uma simplificação.

Com efeito, a Escola de Palo Alto fala dos dois planos da comunicabilidade: corpo e linguagem. As formas linguísticas não verbais estão diretamente associadas ao processo primário, isto é, aos mecanismos inconscientes. Em nossos gestos, em nossa entonação, na expressão de nosso olhar, de nosso rosto, o inconsciente mostra-se plenamente. Ele está no movimento do corpo, nas tensões involuntárias de músculos voluntários, na mudança da expressão facial, nas hesitações, nas mudanças no tempo da fala ou no movimento, nos sobretons da voz e nas irregularidades da respiração. Não escondemos nada, sempre estamos sinalizando algo. São essas nossas manifestações expressivas mais arcaicas, diz Gregory Bateson, e por meio delas sente-se a ingenuidade, a simplicidade dos animais, característica essa que desapareceu no homem. A maioria das nossas sinalizações realizamos, assim, tal qual os demais mamíferos, por meio de sinais cinéticos e paralinguísticos. É esse o lado que os animais entendem de nós e que nós entendemos deles.

Dessa maneira, para Bateson e seus colaboradores, a comunicação (para nós: *a sinalização*) é um processo mais analógico do que digital, ou seja, ela ocorre em vários níveis verbais e não verbais, e é exatamente nos não verbais que ela é mais eficiente. Não basta saber que a coisa é dita, é preciso ver *como* ela é dita, se é como informação, advertência, ironia, gozação etc.

O plano linguístico propriamente dito, o texto e os conteúdos da fala fazem parte do processo secundário, racionalizante e racionalizador, em que o consciente assume a intenção de controlar e administrar os usos da linguagem. Se no plano do corpo a sinalização é algo obrigatório, expressão sincera do organismo diante do seu meio, nesse plano a informação ou a comunicação será algo contingencial, necessariamente forjado. Daí Paul Watzlawick dizer que se pode checar a veracidade do que está sendo dito pelo confronto entre as "duas molduras": as bordas (o processo primário) são usadas para confirmar ou rejeitar o que a imagem (o discurso, processo secundário) deseja manifestar.

O processo primário ou inconsciente é o do recalcado, se bem que em vários textos freudianos ele é também lugar para conteúdos não adquiridos pelo indivíduo, filogenéticos (Laplanche e Pontalis, 1967, p. 307). Temos aqui a presença da natureza. Também quando se fala do id, "expressão psíquica das pulsões", trata-se de fatos inconscientes, em parte hereditários e inatos e em parte recalcados e adquiridos (idem, p. 285). Logo, as manifestações apontadas por Bateson e seus colaboradores confirmam a sobrevivência de elementos da natureza no comportamento comunicacional dos humanos.

A natureza difere da cultura pela ausência de regras e normas, exceção feita à proibição do incesto, que funda a cultura, pois obriga os homens a se comunicar (Lévi-Strauss, *apud* Armengaud, 2000, p. 1221). Nesse caso, a procriação associa-se ao parentesco. Em *Raça e história*, Lévi-Strauss confirma que modelos, que se poderia crer puramente culturais, já existem na natureza (Lévi-Strauss, 1967), como é o caso do código genético.

Natureza e cultura articulam-se continuamente, veja-se o exemplo da arte e do mito. "Neles, como nos signos em geral, realiza-se a união do sensível ao inteligível, da natureza e da cultura. Pode-se tentar remontar sua combinação na estrutura que é comum ao espírito e à natureza" (Amengaud, 2000, p. 1222). Não se pode opor natureza e cultura, pois isso dá espaço a catástrofes históricas, como o nazismo, ou a equívocos contemporâneos com o reaparecimento das questões raciais e as reivindicações étnicas anacrônicas, mas tampouco pode-se anular as diferenças, considerando a total supressão do natural. Em verdade, essa é uma estratégia das políticas do corpo, que, como diz Baudrillard, visam "à norma de gestão ótima do corpo sobre o mercado de signos".

Há, portanto, o rosto físico, expressão do inconsciente e de nossa mais pura sinceridade. O rosto em Levinas, diferentemente, é uma metáfora para a humanidade, a presença do Outro ou a possibilidade do devir, ou seja, de nossa transformação. E Levinas imagina o outro apenas como Outro-enquanto-pessoa, não havendo a outredade das obras e dos contextos. Nesse aspecto, nós pretendemos ir mais longe, tornando mais complexo em vez de mais simplificado, pois a alteridade transcende os indivíduos, sendo possível, para nós, um "rosto" das coisas, um rosto das obras. A remissão a um rosto.

Se a fala é cultura, e o rosto, enquanto manifestação do inconsciente, é filogênese, expressão das pulsões, portanto, natureza, isso não significa que haja oposição, como diz Signates. Um existe para corrigir o outro, ou, como diz Watzlawick, é o que nos permite a checagem para avaliar a comunicação. Não há, por isso, indício de sobreposição das duas leituras para o rosto.

3. Não havendo rosto não seria possível a comunicação de massas. Tampouco na internet, por ser predomínio da palavra escrita, poderia haver rosto, mas apenas um rosto eletronicamente digitalizado, que não conduz à interioridade da alma nem à humanidade inteira.

Na nova realidade medial, a comunicação intersubjetiva, *tête-à-tête*, direta, é substituída pelos meios de comunicação de massa. Desaparece a mística do olhar, da percepção do rosto, da atmosfera circundante, criadora do evento comunicacional, da noção de sentido; sai de cena a magia das múltiplas linguagens que Bateson chamava de "jogo da comunicação". A nova realidade medial precisa criar um substituto para a *cena comunicacional* do face a face, algo que faça as vezes da atmosfera que constituía a relação direta. A comunicação agora ocorre no *contínuo mediático atmosférico*. É ele que irá engendrar as condições necessárias e suficientes para que a comunicação realize-se também no plano impessoal, a distância, sem a presença do outro. O importante nesse deslocamento não é o rosto, mas algo que faça as vezes da alteridade, ou seja, daquilo que me possibilite o devir, a transformação. Trata-se do contexto, dos personagens e dos conteúdos que circulam no *continuum*.

A comunicação de massa é um fenômeno de distanciamento, de desconhecimento, de estranhamento entre massas humanas e sistemas técnicos de emissão de sinais de rádio, televisão e imagens urbanas. O humano perde-se na nuvem de indistinção e de desconhecimento produzidos pela impessoalidade da era das massas. Mesmo assim, emissões televisivas, programas radiofônicos, espetáculos cinematográficos e outras formas instituem a possibilidade do acontecimento comunicacional por meio do jogo técnico com imagens, sons, cenas em movimento que capturam o receptor e o conduzem a mundos em que a força da obra o embala e pode transformá-lo.

A comunicação eletrônica, por seu turno, sugere um retorno às comunicações presenciais. As massas se desagregam e voltam à cena indivíduos, grupos, comunidades. Eu posso falar ao telefone pela internet, enviar cartas eletrônicas, conversar em tempo real por meio de frases escritas, montar meu álbum de fotos e o compartilhar com toda pessoa do planeta, instigar um debate dentro de meu espaço eletrônico; mas eu também posso me travestir de outros personagens, criar meus avatares, me representar com bonecos. O que muda na forma comunicacional?

A presença física possibilita um tipo específico de comunicabilidade. No presencial, eu não apenas vejo o outro, mas sinto a presença do ambiente, dos humores, das tensões no ar. Tendo o outro diante de mim, percebo que seu olhar, suas faces, sua expressão, em suma, seu rosto exprime muito mais do que essa pessoa efetivamente fala. E é mais sincero. Levinas diz que pelo rosto do outro eu posso alcançar o humano, a humanidade toda.

Remeter a um rosto é algo que sugere uma presença além da superfície. Quando um repórter fala à lente de uma câmera de televisão, ele está falando a algo abstrato, a uma máquina, a um sistema tecnológico. Seu investimento comunicacional perde a remissão: falando para todos, ele não fala para ninguém. Rosto, em Levinas, não é um discurso sobre a ferida, é a própria ferida, é a ligação direta com o drama, a dor, o trauma do outro. Conforme ele diz e que vimos atrás, a maior aproximação possível do outro colocará em evidência sua distância absoluta. No caso da comunicação eletrônica, devemos inverter a oração: o maior distanciamento possível do outro coloca em evidência sua proximidade absoluta. Tão próximo que se dissolve em mim, passa a fazer parte de meu solipsismo, de meu mundo, dilui-se enquanto alteridade. Como presença "chapada" de uma plataforma eletrônica da internet.

Mas esse outro compõe uma dualidade dessimétrica e insuperável. Jamais se torna meu, retira-se em seu mistério. Pois é exatamente isso que é implodido nas mensagens instantâneas e eletrônicas: em lugar do mistério do outro institui-se a publicidade de tudo que era privado; em lugar de uma ferida exposta eu tenho a plástica de rostos compostos e devidamente disciplinados para uma boa imagem. Não me desafiando, não me provocando, não me escavando, o Outro-enquanto-pessoa mistura-se comigo, dilui-se em mim.

4. Nos jogos e nas experiências lúdicas, o eu pode ou consegue retornar ao mesmo ponto em que estava. "Ora, uma vez jogado, um jogo terá vencedores e perdedores e isso fará toda a diferença, inclusive para os jogos posteriores."

Para Niklas Luhmann, jogo é um tipo de duplicação da realidade, em que há uma limitação do tempo e que sempre contém, em cada uma de suas operações, referências à realidade (Luhmann, 2004, pp. 93-95). Com efeito, um jogo baseia-se no confronto de jogadores ou de equipes e o ideal é conseguir mais pontos e obter uma vitória perante o adversário. Na interpretação de Baudrillard, o jogo submete-se à regra, enquanto a sociedade como um todo, a uma lei. Enquanto a lei é linear, irreversível, supõe uma seriedade intrínseca e efeitos punitivos se for desrespeitada, a regra é marcada por signos arbitrários, por um ciclo reversível, não havendo transgressões. A competição não leva a parte alguma, os resultados não criam uma memória que implique alguma consequência, nem se constitui um rastro. Aí "tudo recomeça novamente sem marcas do passado", pois é assim: o jogo é algo que se submete à regra, é irresponsável e inconsequente (com exceção, naturalmente, aos jogos de azar, que chegam a ser uma atividade profissional na qual cria-se intrinsecamente uma lei que deve ser respeitada na sociedade real). No mais, todos os demais jogos conduzem a um encerramento periódico (cíclico) que leva a um novo começo em que todas as posições são novamente zeradas.

Em carta de 10 de agosto de 2011, Eliany Salvatierra comenta o conceito de Outro da Nova Teoria e sua relação com a pesquisa.

5. Penso que o método científico nos ensina que devemos observar o objeto para poder analisá-lo. Já em Levinas, o Outro não é algo que se observe e se apreenda por meio de uma análise. Ele tem implicações em nós e é quem pode nos atravessar e nos fazer pensar, ou seja, comunicar, na perspectiva da nova teoria da comunicação. Eu não me abro para perceber o Outro como se a "abertura" fosse uma decisão minha, fosse uma "abertura consciente". A abertura é estar na vida, aberto ao Outro, e pode se dar, pode ocorrer, no fato de eu não tentar dominar o Outro nem defini-lo. Trata-se de uma relação de não apreensão e principalmente de não tentativa de compreensão. Dessa maneira, estamos abertos para que o Outro nos atravesse (com alegrias ou dores); o Outro não sabe que nos atravessa (não é necessariamente uma subjetividade), não é o seu desejo e muito menos a sua função.

A abertura para o Outro é uma decisão de cada um. Não é algo casual ou acidental, com exceção das armadilhas publicitárias ou sedutoras que capturam nossa intencionalidade. É preciso se abrir, a decisão pode não ser inteiramente consciente, pode ser apenas uma aceitação, um interesse difuso, uma vontade vaga de se abrir ao Outro, de concordar com o acolhimento do diferente. Mas esse pressuposto, essa inclinação, tem de existir, senão não haverá a comunicação.

Abrir-se para o Outro é também uma forma de "estar na vida", de querer sair de si e dar validade à alteridade que está fora de cada um de nós, de recusar o *status* de estar "morto por dentro".

6. Contudo, abrir-se ao outro é ter de reconhecer a diferença e essa, muitas vezes, nos assusta e mais nos agride. Por exemplo, o diferente pedófilo. Como abrir-se ao diferente que me agride? Talvez, aceitar a diferença seja aceitá-la sem o totalitarismo dos meus valores, das minhas crenças. Seria aceitar o diferente em todos os sentidos. Seria aceitar o nazista? O pedófilo? Seria assustador, para quem quer cultivar a abertura ao outro. Pois eu penso no cultivo do que eu tomo como bom, como aceitável.

A questão da aceitação da diferença nos traz o problema da convivência com seres associais e evoca questões de natureza moral e ética, que podem entrar em contradição. A postura ética nos coloca diante de questões que envolvem não apenas nós mesmos enquanto sujeitos portadores de valores, atitudes, comportamentos, posicionamentos, visões de mundo, mas os demais, a sociedade inteira. Envolve nossa inserção no todo e o peso de nossa atitude em relação ao conjunto maior da sociedade. A postura moral, ao contrário, refere-se às contas que acertamos internamente conosco mesmo, com nossa consciência e, não raro, envolve sentimentos e vínculos pessoais. Assim, eu posso tolerar atitudes associais de meu parente próximo porque os condicionantes são de caráter afetivo e envolvem vínculos que situam-se em outro plano, que não o social mais amplo e abstrato.

Assim, a ética da comunicação supõe, de fato, abrir-se, ouvir, acolher esses seres associais, inclusive para superar os fechamentos criados em virtude dos estigmas sociais. O contato com um assassino, um estuprador, um pedófilo me permitirá ter uma visão desse personagem que pode diferir do estereótipo geral da sociedade. No campo da ética, não cabe ao abrir-se para o outro a imposição de critérios restritivos que introduzem uma figura estranha no processo comunicacional.

A questão remete à já mencionada diferença ontológica: a sociedade julga os homens pela forma como agem, se manifestam, cometem seus crimes e suas perversões, em suma, como entes, figuras terminadas. A investigação do *ser*, ao contrário, é essa dimensão outra que pode ser apreendida *além* da trivialidade dos atos e das atitudes.

Trata-se da diferença no interior de uma semelhança. Posso ter várias casas semelhantes, todas com telhados vermelhos; mas, na comparação de duas casas com telhados vermelhos vou encontrar uma mais, outra menos vermelha. Para enxergar árvores, ter uma compreensão prévia da "arboridade", mas o ser-árvore é mais fundamental e mais profundo que a semelhança, que a arboridade ou a "vermelhidade" dos telhados. O ser, diz Heidegger, é contrastado com o "dever-ser", quando, em realidade, deveria estender-se a tudo que supostamente contraste com ele.

Levinas quando pensa no Outro está pensando nos seis milhões de rostos do holocausto. O Outro é a própria humanidade ultrajada pelos nazistas. O Outro de Levinas é basicamente o outro oprimido, abandonado, excluído. Ele é o escravizado que se torna meu senhor, na linguagem de Levinas. Esse é o desdobramento ético de Levinas: aprender com aquele que é mais fraco, mais pobre, menos letrado para conhecer a humanidade.

A população alemã entusiasmou-se por Hitler, as pessoas foram convencidas, transformadas. Abandonaram seus ideais socialistas para aderirem a outro tipo de socialismo, o nacional-socialismo. Numa situação social e econômica caótica, o apelo de um político radical teve completa aderência. Não se pode dizer que ele não tenha comunicado, a comunicação também funciona pelo lado perverso, pelo lado da reação. No âmbito da informação, eu me mantenho nas minhas posições, apenas as amplio, aperfeiçoo, expando minhas bases de conhecimento. Já no âmbito da comunicação, o que importa é a transformação sofrida, minha mudança de posição, que pode ocorrer na direção da libertação ou da submissão.

No fascismo alemão construiu-se uma máquina política que contaminou a sociedade pela fantasia de transformação radical que prometia. As mentes mais lúcidas jamais aceitaram esse engodo, mas os desempregados, os miseráveis, os totalmente abandonados por aquela política o absorveram como um messias, uma promessa de revolução. Militantes do Partido Comunista debandaram para o lado hitlerista porque, segundo eles: "lá as coisas acontecem mais rapidamente" (Marcondes Filho, C. 1982, p. 50ss).

7. Ao mesmo tempo em que há a abertura para o outro, ocorre também uma dissolução do Eu. Não há um Eu, quando o Outro sofre, quando o Outro passa fome: "como ser feliz, enquanto tantos são infelizes". Dissolver-se no outro, assim, é não ter um Eu, uma subjetividade. Consequência disso acaba sendo não sabermos identificar, perceber esse Outro (o outro pedófilo, nazista, criminoso). Talvez seja necessário para abrir-se ao Outro concebendo a existência de um Eu.

A dissolução do Eu só ocorre como fusão, que Levinas reconhece na paixão, que, para ele, difere de Eros, espaço reconhecido do distanciamento e da alteridade por excelência. O Eu, portanto, permanece no distanciamento que é a relação com a alteridade. Por outro lado, a relação com a alteridade não pressupõe, segundo os critérios aqui estabelecidos, o "processo de identificação", aqui mencionado, que irá recair novamente na demarcação de estigmas.

8. O Outro me faz pensar coisas que eu jamais pensei. O "problema" com a relação ao Outro é como o método científico definiu o que é esse outro e consequentemente o "objeto". Assim, nas relações entre os humanos, a dificuldade não estaria no não desejo de perceber o outro, ou na não abertura para perceber o outro mas na formação cultural de como apreendemos o Outro, no lugar que nos colocamos como humanos, como seres que têm a capacidade racional de apreender e conhecer. Resumindo: quando um aluno não consegue perceber uma teoria, não é necessariamente porque ele não quer. A formação dele foi outra e ele não consegue. É o caso do nazista que não vai perceber um judeu. Assim como um judeu não vai perceber um nazista. Como mudar isso para que a barbárie não continue?

Há uma formação cultural que nos ensina a nos relacionar com o outro na forma de aprendizagem e conhecimento. De fato, isso é inevitável e mesmo necessário. As relações eu-isso fazem parte do processo de formação em todos os níveis da escolaridade e não podem ser desprezadas. Mas, assim como a *informação* é parte obrigatória e mesmo majoritária da relação do homem com o mundo, a *comunicação* é o salto qualitativo que identifica a mudança de planos ou níveis no próprio processo de vivência.

Paul Watzlawick e seus colaboradores sugerem que existam três níveis na capacidade cognitiva humana. Um primeiro nível é aquele em que nós conhecemos as coisas, tomamos contato com elas, as identificamos. No segundo nível, atribuímos significado a elas, elas passam a nos dizer algo. Esses dois planos têm homologia com as formas de sinalização e informação da Nova Teoria. O terceiro nível de Watzlawick refere-se à construção de uma visão unificada do mundo, que pode ocorrer mediante a adoção de um metarrelato, seja ele uma crença religiosa, uma filosofia política, uma proposição filosófica etc.

As mudanças podem ocorrer tanto no segundo quanto no terceiro nível e as pessoas têm consciência disso. Há, contudo, um quarto nível que é aquele que avalia, a partir de fora e da distância, os pressupostos do terceiro nível. É aqui que eles situam as mudanças provocadas pelo processo terapêutico, que teria teoricamente a capacidade de provocar mudanças em profundidade. Esse nível, todavia, dizem eles, confunde-se com os limites da mente, a consciência raramente está presente e é o campo da intuição e da empatia. As mudanças ocorrem, mas não se sabe exatamente por que ocorreram.

Watzlawick aproxima Wittgenstein ao budismo Zen, quando o filósofo austríaco diz que o enigma da existência não existe, pois os problemas da vida continuariam intocados mesmo se respondêssemos a todas as possíveis questões científicas. A questão está no campo do inexprimível.

Detalhamentos

Regra e Lei em Baudrillard. Lei, para Baudrillard, é o encadeamento transcendente de signos necessários. Vivemos sob sua ordem e nela incluímos o fantasma de eliminá-la e de transgredi-la. Aqui se insere a morte e a sensualidade na forma como o expressa Georges Bataille, como fatores de desordem que incomodam a sociedade e que são transgredidos com as práticas religiosas e as revoltas individuais. Lei, em Baudrillard, é uma instância linear fundada na continuidade irreversível e dela constam a coerção e o proibido, a lei do significante, da castração, da proibição, do discurso manifesto e o discurso latente, das representações, ali há um sujeito, há o texto, seu deciframento, há um sentido a ser encontrado. Ali há uma "seriedade" intrínseca, ali precisamos decidir, ser responsáveis. Já a regra é um encadeamento imanente de signos arbitrários. É um ciclo reversível e sem fim e uma recorrência de procedimentos convencionais. Não há memória nem rastro. Por ser cíclico, tudo recomeça novamente sem marcas do passado. A regra não é uma lei que possa ser transgredida, mas algo que deve ser observado; ela não tem um sentido, não leva a parte alguma, não tem nenhum sujeito. As articulações já estão definidas, precisamos apenas aceitá-las e jogar com elas (Marcondes Filho, C. *Homem & Mulher: uma comunicação impossível?* São Paulo: Annablume, 2010, p. 80ss).

Sobre a diferença ontológica. "Numa analogia: apresentam-se a mim coisas de várias cores. Algumas são da mesma cor, 'semelhantes'. Posso ver coisas vermelhas, verdes etc. Ao ver duas coisas da mesma cor, posso ser por elas afetado e a elas reagir de modo característico. Mas eu só posso vê-las *como semelhantes* tendo uma compreensão *a priori* da *semelhança*. Equivale, então, o 'ser' a qualquer outro termo geral ou universal? Se não posso ver as coisas como semelhantes sem uma compreensão da semelhança, ou as árvores como árvores sem uma compreensão prévia da 'arboridade', por que a diferença ontológica seria mais significativa do que a distinção entre qualquer conceito geral e suas instâncias? O ser é mais fundamental e mais profundo do que a semelhança, a 'arboridade' ou a qualidade do vermelho. Tudo, exceto o próprio ser, é um ente; qualquer coisa que seja vermelha, que seja uma árvore ou que seja semelhante a outra coisa deve antes *ser*. Além disso, entes (ao contrário de árvores, coisas vermelhas ou coisas semelhantes) formam um todo ou um mundo. Nossa habilidade em enxergar algo como algo, e em localizar as coisas e nós mesmos no mundo, depende de nossa compreensão do ser. Em toda condução silenciosa aos entes também fala o 'é'. (...) Tomaram um ente ou um tipo de ente, em geral o próprio homem, como o paradigma ou modelo para o ente em geral. O 'ser', insiste Heidegger, 'não é nenhum ente, nenhuma coisa e nenhuma propriedade coisal, nenhum ser-simplesmente-dado'. O ser é em geral contrastado, não com os entes, mas com o devir (Platão, Nietzsche), com a aparência, pensamento e valores ou o 'dever-ser'. Os contrastes tendem a restringir a amplitude do ser àquilo que está completamente presente, por oposição ao fugaz, ilusório ou irrealizado. Isso não é nenhum acaso: pertence essencialmente ao próprio ser prestar-se justo a tais contrastes. Mas eles não devem ser aceitos. Pois o ser estende-se a tudo que supostamente contraste com ele. Devir, aparência, pensamento e valor – todos eles *são*" (Inwood, Michael. *Dicionário Heidegger*, trad. Luísa Buarque de Holanda, Rio de Janeiro, Zahar, 2002, pp. 42-43).

CAPÍTULO 3

A QUESTÃO DO DURANTE

Kairós

Mutilações de nossa relação com o tempo: a hipertrofia das expectativas

Giacomo Marramao diz que os seres humanos, nos tempos atuais de sua condição hipermoderna, estão sempre "desregulados" (*out of joint*, como dizia Hamlet). Eles não vivem os acontecimentos e os fatos, mas permanecem em seus interstícios; têm uma temporalidade

Capítulo 3 | A questão do durante

desviada dos sentidos e dos objetivos da experiência, tanto individual como coletiva (Marramao, 1992, pp. 16-19). Não se trata exatamente da questão da velocidade, pois essa está associada a uma finalidade, a um meio adequado para o atingimento de um fim – velocidade é uma "virtuosa tensão" de opostos, diz ele –, mas da pressa, um tipo de agitação que não aplica-se a meta alguma, que se torna autônoma.

Nossa síndrome de falta de tempo vem disso. É o paradoxo kafkiano de dispormos de todo o tempo, como durante as férias ou nos períodos de descanso entre um trabalho e outro, e declaramos que não temos tempo. Marramao chama essa restrição progressiva do espaço da experiência de *hipertrofia da expectativa:* dilatam-se os horizontes da expectação e reduzem-se as margens da experiência (idem, p. 21).

Há certo "descarrilamento" do presente, diz ele: projetamo-nos continuamente para o futuro ou então voltamo-nos para o passado, sendo-nos impossível encarrilharmo-nos devidamente no presente (idem). É exatamente o inverso dos processos de retenção e propensão, em fenomenologia, como formas de incorporação de passado e futuro no presente.

Esse fato conduz a duas patologias: uma melancólica e outra maníaca. A primeira é dos que padecem de "depressão retentiva" e não possuem a capacidade de "projeção onírica" (Marramao, 1992, p. 22). Eles têm sempre a impressão de chegar "demasiado tarde" ao encontro com a vida. "Ai, meu Deus! Ai, meu Deus! Vou chegar muito atrasado", diz o Coelho Branco passando perto de Alice. A segunda é dos que estão cravados no presente e repetem sempre os mesmos gestos, a mesma cena (idem).

Na hipertrofia das expectativas, ocorre certa patogênese da temporalidade, que vem da "desproporção entre a riqueza das possibilidades que o projeto técnico-científico de domínio da natureza (e de racionalização dos processos evolutivos sociais) proporciona ao indivíduo e a pobreza de suas experiências" (Marramao, 1992, p. 27).

Trata-se de uma patologia, de uma figura específica e dominante da experiência do tempo *apenas no Ocidente*, diz ele. Aqui, o homem vive cada momento como se fosse o próximo; o presente é continuamente deslocado, o novo é neutralizado e o futuro, constantemente inclinado ao passado, o fagocita. O que resulta é um retardamento do sentido em relação ao sucesso, ele chega sempre depois (idem, p. 116).

A desregulagem da sociedade contemporânea, criadora de patologias, umas mais ou outras menos explícitas, tem a ver com a própria atrofia do presente vivenciado. Isso ainda é mais notável, uma vez que só ele existe; em princípio, não há nem passado nem futuro. O passado só nos vem à mente por um ato do presente que o recupera para o momento atual: todos os passados só existem quando presentificados, diz Merleau-Ponty. Evocar o passado é vivê-lo outra vez, em pessoa, é ele estando ali: minha mesa possui marcas, traços da minha vida passada, esses traços, contudo, não remetem ao passado, *eles são presentes* (Merleau-Ponty, 1945, p. 550ss).

De certo modo, nosso processo mental reconhece fatos passados que continuam a repercutir em nós, ao mesmo tempo que avançamos no que está por vir. Ambos os processos, *retenção* e *protensão*, fazem parte dos atos conscientes do agora. Passado e futuro brotam quando me estendo em direção a eles, diz Merleau-Ponty (idem). Para Edmond Husserl, ambos os conceitos têm a ver com nosso campo perceptivo que arrasta consigo fatos anteriormente vivenciados e "morde" o porvir. Cada momento novo que chega promove uma modificação no momento anterior: esse momento, eu ainda o tenho em mãos, ele ainda está ali; contudo, já vai soçobrando, vai se deslocando para baixo na linha dos presentes. Se eu quiser conservá-lo, deverei estender a mão através de uma "fina camada do tempo". Posso alcançá-lo da forma como ele acabou de ser, mantenho-me ligado a ele, mas ele é passado, pois houve mudança e ele projeta-se sobre meu presente quando há pouco ainda era meu presente (já exposto no PRD, tomo II, p. 180ss).

O Chapeleiro havia perguntado a Alice por que o corvo se parece com uma escrivaninha. Alice não encontra a resposta e desiste.

Capítulo 3 | A questão do durante

Mas nem ele, nem Lebre de Março sabiam a resposta. Alice irrita-se e pondera que devia ter mais o que fazer do que *gastar o tempo* com adivinhas. Mas o Chapeleiro lhe diz: "Se você conhecesse o tempo tão bem quanto eu conheço, não falaria em gastá-lo como se ele fosse uma coisa. *Ele é alguém*. Você jamais falou com o tempo!". Alice acha que não, mas diz que tem que marcar o tempo quando ouve música. "Ah! Olhe aí o motivo", continua o Chapeleiro: "O tempo não suporta ser marcado como se fosse gado. Mas, se você vivesse com ele em boas pazes, ele faria qualquer coisa que você quisesse com o relógio. Por exemplo: vamos dizer que fossem nove horas da manhã, que é hora de estudar. Você teria apenas que insinuar alguma coisa no ouvido do tempo, e o ponteiro correria num piscar de olhos: uma hora e meia, hora do almoço" (Carroll, L., 1864, p. 88, grifos nossos). Mais adiante, o Chapeleiro disse que teve uma briga em março passado com o tempo, durante o concerto que a Rainha de Copas havia dado, no qual ele teria de cantar. Mal ele tinha acabado o primeiro verso da canção, a Rainha saltou e vociferou: "Ele está aqui matando o tempo! Cortem-lhe a cabeça!" E desde então, lamentou o Chapeleiro, "ele não faz nada mais que eu peço. É sempre seis horas da tarde". Por isso há tantas xícaras na mesa, constatou Alice. "Sim, suspirou o Chapeleiro, está sempre na hora do chá e não temos tempo para lavar a louça entre um chá e outro" (Carroll, idem, pp. 85-92, cap. 7, "Um chá bastante louco").

Diz Merleau-Ponty que o tempo não passa, o que existe é o testemunho de um sujeito "vendo uma coisa passar" (1945, p. 551) e esse é o seu "agora". Eu, observador, vejo um rio correr diante de mim, ele está passando na minha frente agora. A água que passará por mim amanhã está, nesse exato momento, na nascente; a que passou ontem, está, também nesse momento, no vale. Essas três posições sugerem a ideia de tempo, quando são, de fato, lugares, espaços, ou, como diz ele, "rede de intenções", "ambiente movente". Os momentos do tempo coexistem diante do pensamento: evocando o passado, o vivemos outra vez. Tudo está acontecendo nesse momento, mas os acontecimentos são "recortados" por um observador finito, na totalidade do espaço-temporal.

O tempo não é algo que constitui a consciência, mas é essa que se desdobra e constitui o tempo (idem, pp. 555-556). O que acontece, aponta o filósofo francês, é que há demasia de passado e futuro no mundo, há "excesso de plenos".

Por isso, em *Alice* se diz que nós somos o tempo: ele se personifica em nós. Nós não assistimos, nós não pensamos, nós *realizamos* a passagem de um presente a outro. Quando o Chapeleiro diz que o tempo é alguém, é uma pessoa, isso supõe que podemos "negociar" com ele: fazer que nove horas sejam uma e meia. Ao contrário, quando nos escravizamos a ele ("ele não faz mais nada do que eu peço"), estaremos condenados a ficar eternamente nas seis horas da tarde. De Santo Agostinho a Heidegger, complementa Marramao, a pergunta *o que é o tempo?* foi substituída pela *quem é o tempo?* E a resposta é: o tempo somos nós mesmos (Marramao, 1992, p. 117).

Eu o realizo, eu estou no presente que virá, meu gesto agarra essa protensão, *eu sou o tempo*. O tempo se personifica em mim, ali existe um ser concreto, como o homem que está em cada uma de suas falas.

Detalhamentos

> *Marramao e o paradoxo kafkiano.* "Quando dispomos de 'todo o tempo' (como, por exemplo, em longos períodos de descanso entre um trabalho e outro ou durante as férias), advertimos que não temos tempo. E isso nos ocorre por causa da nossa condição hipermoderna de viver intensamente só nos interstícios de uma 'plenitude' temporal, o qual é um indício muito revelador da síndrome da falta de tempo" (Marramao, 1992, p. 18).

> *A hipertrofia da expectativa (presente projetado para o futuro).* "(Há uma) prematuridade que subjaz no predomínio simbólico da *espera* e da *projeção do futuro*, (...) a patologia não está no fato, senão no *modo* e no *grau* de tal presença. A patologia se deve à circunstância de que a

antecipação projetiva extrapolou-se como forma autêntica, como figura específica e dominante na experiência do tempo, *só no Ocidente*. (...) Dizia James Joyce que o homem ocidental vive como se cada momento fosse o próximo; por essa razão, no Ocidente a *normalidade* e a *experiência ordinária* adquirem a singular aparência de um paradoxo" (Marramao, 1992, p. 113).

Obsessão da expectativa. "Na experiência ocidental do tempo, essa obsessão desloca continuamente o presente, neutralizando o novo e deixando que um futuro constantemente inclinado ao passado o fagocite, e tem seu núcleo patogênico em um *retardamento de sentido em relação ao sucesso*. No Ocidente, o sentido sempre está destinado a chegar *depois*" (Marramao, 1992, p. 116).

O tempo e as águas. "A água que passará amanhã *está* nesse momento em sua nascente, a água que acaba de passar *está* agora um pouco mais embaixo, no vale. Aquilo que para mim é passado ou futuro está presente no mundo.(...) Se separamos o mundo objetivo das perspectivas finitas que dão acesso a ele e o pomos em si, em todas as suas partes só podemos encontrar 'agoras'. Mais ainda, esses agoras, não estando presentes a ninguém, não têm nenhum caráter temporal e não poderiam suceder-se" (Merleau-Ponty, 1945, p. 552). O tempo, assim, não é um atributo exterior, não é um processo real. O tempo *não passa*, sequer a noção de acontecimento está no mundo objetivo. O único que existe, conforme Merleau-Ponty, é o testemunho de um sujeito "que vê a coisa passar". O observador recorta acontecimentos: se o observador está num barco, o tempo é o desenrolar das paisagens à sua frente. O tempo, assim, nasce da *sua* relação com as coisas. Nas próprias coisas, ao contrário, porvir e passado estão numa espécie do que Merleau-Ponty chama de "pré-existência e sobrevivência eternas". A água que passará por aqui amanhã está, nesse momento, na nascente. A que acabou de passar está agora no vale. O que temos aqui, então, são apenas "agoras" que não se sucedem. Para quem está na cabeceira do rio, o gelo se desfazendo e tornando-se curso de água é seu agora, enquanto para nós isso é futuro (PRD, 3, tomo 2, cap. 3f).

O homem em cada uma de suas falas. Na verdade, a passagem de um presente a outro não é algo que eu assista, que eu a pense; de fato, eu a realizo, eu estou no presente que virá, meu gesto agarra essa protensão, *eu sou o tempo.* O tempo se personifica em mim, ali existe um ser concreto, como o homem que está em cada uma de suas falas. O tempo é, para Merleau-Ponty, como um jato d'água: a água muda, mas o jato permanece, pois a forma se conserva. É nesse sentido que ele interpreta a metáfora do rio de Heráclito: o rio não escoa, mas permanece uno e o mesmo (Idem).

O tempo somos nós (filosofia da interioridade). "No caminho que ia de Santo Agostinho a Heidegger, a pergunta *Que* é o tempo? Acabou transformando-se em *Quem* é o tempo? E a resposta era evidente desde o princípio: o tempo somos nós mesmos, *mea res agitur*" (Marramao, 1992, p. 117).

Kairós, o tempo oportuno

A Nova Teoria da Comunicação opera com um princípio segundo o qual o acontecimento comunicacional tem sua existência, seu efeito e sua força na fração de tempo de sua realização. Esse pode durar alguns minutos, horas ou semanas. Cada evento é um evento, não havendo necessariamente uma regra única para a ação comunicacional.

De repente, algo muda. Cria-se um sentido. Há, nesse instante, uma coincidência de linhas intencionais – o "agora" da rede de intenções, do ambiente movente – em que tudo se cruza, permitindo, com isso, que a dinâmica dos agentes construa o efeito comunicacional. "Uma hora não é só uma hora: é também perfumes, sons, projetos, climas"

(Proust, 1927, p. 167). Marramao chama isso de "ponto de encontro de elementos distintos".

O momento, o "durante" do acontecimento, é exatamente o ponto onde atua a força vital, o *aion* dos gregos, a alma do evento, algo que, para Marramao, está próximo à psiqué (Marramao, 1992, p. 42). É quando intervém no encontro dos corpos (homens-homens, homens-obras, homens-situações etc.) a variável *incorpóreo,* aquilo que introduz um novo atributo aos corpos.

Os fatos têm seu *instante oportuno* pelo encontro acidental de todas as causas favoráveis, fazendo que as coisas aconteçam somente uma só vez, não havendo repetição, reconstrução nem recuperação. Não dá para trabalhar com efeitos posteriores, rebatimentos, repercussões, reverberações em escalas maiores, pois, assim, estaremos fazendo sociologia dos efeitos comunicacionais e não estudo da comunicação. No acontecimento, estendemos nosso braço inserindo o passado e "mordemos" o porvir, como diz Merleau-Ponty.

Marramao chama isso de *thauma*, algo como um assombro, um milagre. Para tanto, ele recorre a Einstein: "O assombro manifesta-se por meio de um choque, *um conflito fundamental que é origem de todo crescimento e, especialmente, de todo salto de qualidade no conhecimento do real*; isto é: mediante o conflito que opõe a experiência (*Erfahrung*) a 'um mundo de conceitos muito fixo já dentro de nós' " (idem, p. 57, grifo nosso). Einstein fala, portanto, de "experiência" (*Erfahrung*) e não de vivência (*Erlebnis*). Marramao separa o prefixo *Er-* dessas duas palavras, vendo, na primeira, uma experiência-viagem (componente *fahren* do termo), enquanto, na segunda, um viver (componente *leben*). A viagem nos faz deixar nosso cotidiano fixo e "sair pelo mundo". Trata-se da mesma questão levantada por Walter Benjamin, em *O narrador*, a da passagem de um tipo de experiência histórico-social, a do saber socialmente vivido (*Erfahrung*), a outro tipo, em que as pessoas passam a ter a emoção individualmente transmitida (*Erlebnis*).

Falou-se antes que a existência do acontecimento comunicacional pode durar alguns minutos, horas ou semanas. Mas, onde efetivamente começa um ato, onde ele termina, pergunta-se François Jullien. Há certos momentos que são "chave", neles a coisa acontece. Marcel Proust fala da sensação que encontra ao tropeçar nas irregularidades do piso do casarão dos Guermantes, do barulho dos talheres e do martelo, do sabor da *madeleine*. Esses momentos, dizia ele, permitem respirar ares de outros tempos, ou "o tempo em estado puro". Nesses expedientes, diz ele, seria possível obter, isolar, imobilizar a duração de um brilho (Proust, 1913-1927, pp. 2266-2267).

Segundo certa extensão, diz o estoico Crisipo, "somente o presente existe, passado e futuro subsistem, mas não existem". O presente existe *em certa extensão*. Ele abarca momentos estendidos, que podem variar, e momentos pontuais, quer dizer, num dado instante, ocorre a virada, o "assombro", o choque, que provoca a mudança. Gilles Deleuze e Félix Guattari falam de *transformação incorpórea* quando sequestradores anunciam um sequestro: os passageiros transformam-se em reféns, o avião, em prisão. A virada é instantânea. Jean-Claude Bernardet diz que ficou "mentalmente adoecido" quando assistiu pela primeira vez *A doce vida*, de Fellini, em 1961. Ele viu o filme treze vezes (*Piauí*, setembro de 2011, p. 64).

Detalhamentos

> Kairós: *ponto de encontro entre elementos distintos*. "É como se a unicidade do termo (tempo) representasse nossa consciência de que aquilo que chamamos 'tempo' não é mais do que um ponto de encontro entre elementos distintos, a partir dos quais origina-se uma realidade evolutiva, uma mistura (por acaso, *cortar* não significa, de certo modo, 'misturar'?) que faz do *tempus* alguma coisa muito próxima ao que os gregos chamavam *kairós,* o *tempo oportuno*, o *tempo propício*" (Marramao, 1992, p. 129). (Etimologicamente a origem do termo "tempo", *teino*, significa tender, estender; *temno*, em grego, cortar).

Onde começa um ato. "Um ato é suficientemente circunscrito para temporalizar o presente? Pois onde começa e onde termina um ato? Ele recorta rigorosamente o tempo? Tem um ponto de partida e um ponto de chegada e é suficientemente autônomo e consistente para possuir uma unidade? Em suma, eu me pergunto se o poder de *distensão* entre início e fim que os estoicos lhe atribuem é bem justificado! (Jullien, 2004, p. 110).

Tempo como limite e momento como fluxo

Aristóteles é o primeiro filósofo a correlacionar tempo com movimento e com a medida: o tempo é a medida do movimento segundo o antes e o depois. Giacomo Marramao e François Jullien têm posições opostas em relação à visão aristotélica do tempo (*Física*, livro 4). Conforme o lê Marramao, o tempo em Aristóteles pode ser visto como algo demarcado por limites, como "partes", ou como algo que flui sem fronteiras. Podemos considerar o "já-aconteceu" e o "ainda-não-foi" primeiramente como setores bem assinalados. Mas podemos também ver uma saída dessa demarcação se considerarmos o tempo como "número", em vez de "parte". O número não interfere na coisa numerada. Trezentos cavalos nada diz sobre a natureza dos cavalos. Dessa maneira, *cronos*, medindo o movimento, dez minutos, três horas, cinco anos, não bloqueia nada, não delimita, torna-se um *continuum* do tempo, um fluxo de "agoras" que vai do ainda-não ao já não. (Marramao, 1992, pp. 107-108).

François Jullien diz, ao contrário, que Aristóteles, considerando o tempo como intervalo entre dois pontos separados, um antes e um depois, não considera a continuidade da transição. Ele não enxerga no filósofo grego a possibilidade de existir um intermediário oscilante, a não ser como "termo médio", ou seja, novamente um termo, jamais uma "indistinção da Forma", algo "em via de se engendrar".

Não obstante, há uma confluência de opiniões quando trata-se do fluxo. O *momento*, de Jullien, é o *instante presente* de Marramao, algo antes intensivo do que extensivo, que não tem início nem fim, não possui extremidades e é inesgotável (Jullien, 2004, p. 160).

Detalhamentos

> *Aristóteles não consegue imaginar algo não fixo.* "Ora, é a concepção de tempo determinada como intervalo entre dois pontos separados, antes-depois, no fim do livro IV da *Física,* que conduziu precisamente Aristóteles a pensar assim a mudança como operando-se de um ponto de partida a um ponto de chegada, sem considerar a continuidade da transição. (...) De um modo geral, Aristóteles se recusa a pensar o intermediário de outra maneira que não seja um termo médio, portanto, um 'termo' igualmente, porque seu espírito grego se assustaria diante do que se tornaria então uma indistinção da forma; ele para assim, tratando-o como uma hipótese absurda, e seu texto se torna obscuro (...) diante do que seria simultaneamente em via de engendrar-se e 'já engendrado', 'sem contudo o ser ainda'" (Jullien, 2004, p. 83).

> *Momento: algo "sem limites" (Jullien).* "Um momento não tem início e fim, mas ele se abre e se fecha; ele não se define por extremidades, mas, ao se *escavar*, delimita para si umbrais e graus: diferentemente do tempo que é extensivo, o momento é intensivo; enquanto todo lapso de tempo é finito, o momento é infinito – pode-se até mesmo dizer que é no momento que a vida encontra sua dimensão de infinito – ele é um inesgotável" (Jullien, 2004, p. 160).

Viver o momento, "o sentido da vida" e a morte

No final de seus *Ensaios*, Montaigne fala em "viver o momento", algo que vem colocar-se em oposição ao "viver no presente". A vida, para ele, não deve ser uma travessia, um ponto sobre uma linha. Estica-se o instante para torná-lo extensível (Jullien, 2004, p. 122).

Capítulo 3 | A questão do durante

A filosofia ocidental cultua o presente, o estarmos diante de algo. Já a filosofia chinesa fala em estarmos disponíveis, abertos à coisa, tem a ver com a ocasião. Nesse caso, não se busca uma estabilidade, mas a renovação. Se o Ocidente procurou a filosofia, o Oriente buscou a sabedoria, diz Jullien (idem, p. 123).

Pois bem, a ocasião proporciona a irrupção do acontecimento, mas esse, adverte Jullien, transborda o momento. Ele se sobressai e isola-se, agindo de maneira distinta do momento, que não deixa entrever nada de excepcional, diz ele, "mas somente o caráter relativamente diferente e novo que, por desdobramento de fases do processo, pode ser o de *todo* momento". O acontecimento impõe-se "empurrando os outros para a sombra"; já os momentos valorizam-se e realçam-se *por contraste*: "quando danço, danço; quando durmo, durmo" (Montaigne).

Há, assim, uma diferença entre momento (ao qual estamos disponíveis) e momento oportuno, *kairós*. Um acontecimento não é uma forma de abordarmos o presente, de nos voltarmos a ele para trabalhá-lo. Simplesmente, o vivenciamos como a experiência-viagem de Marramao, como assombro, como choque. Também aqui nos tornamos disponíveis a ele. É uma disposição diferente daquela do momento em que se dança e em que se dorme, em que nada de excepcional acontece. A diferença pode estar no conceito de *metaxy*, ou "meio", apontado por Marramao. Diotima o define, em *O banquete*, de Platão, como algo intermediário entre a sabedoria e a ignorância, entre o mortal e o imortal, entre o humano não saber e a *sophia* divina; trata-se, também, do inquietante ou *estranho familiar* (de Freud) (Marramao, 1992, p. 78).

Podemos nos colocar diante do momento apenas oferecendo-nos a ele, deixando que os momentos se substituam uns aos outros, realçando-se por contraste, ou vivenciar o momento experienciando o choque, a diversidade, o assombro que nos invade. O momento nos traz ocorrências triviais e também fatos que nos remetem à memória involuntária de Proust: do sabor da *madeleine*, da visão dos campanários de Martinville, do cheiro de mofo nos lavatórios públicos de Champs-Elysées, da visão da cerca viva perto de Balbec, do tropeçar nos paralelepípedos irregulares da mansão dos Guermantes, do som de uma colher no prato, do barulho da água nos canos, "ocasiões" que nos remetem de volta a antigas sensações; é o passado sendo incorporado ao presente, "presentificação do passado", de que fala Merleau-Ponty.

Por outro lado, se a vida não é uma travessia, uma linha, como sugere a noção de viver no presente, então ela não deve ter um *sentido*. Vista a partir dos momentos, esses não passam de transições contínuas, um chamando o outro, todos se justificando, se realçando mutuamente pela sua variação, desaparecendo, assim, esse algo externo, o tempo, que "comandaria" os momentos.

O "estar disponível" do pensamento chinês vai na direção oposta da liberdade no Ocidente. Em Heidegger, o existente projeta-se no poder-ser, prevalece-se de sua iniciativa, sai em busca de sua liberdade. Já a disponibilidade oriental fala em "deixar a iniciativa ao momento do mundo", responder a ele, acolhê-lo (Jullien, 2004, p. 177). No Ocidente, está implícita a noção de finalidade (liberdade para o que se projeta), no Oriente ocorre a não ligação a nenhum momento-posição, a nenhum fim colocado. Sua disponibilidade é uma não posição: o sábio não opta por nenhum partido, não se deixa enlaçar por nenhum lado, mas evolui constantemente "de acordo" com o momento-situação e (se) "transforma" ao sabor de suas variações (idem, p. 179).

Mas não se trata de conformismo ou de "seguir passivamente", adverte Jullien. O momento estaria "além dessas partilhas", pois "os papéis do subjetivo e do objetivo não se separam nele, e é nisso que ele é uma estrutura 'originária' — é 'no espírito' que se engendra e se promove a sua qualidade, ao encontro do mundo, se diz no início da fórmula e pela *abertura* ao mundo" (idem, p. 199).

Mas é na questão da morte que separam-se novamente as visões de Jullien e de Marramao. Para o pensamento taoísta acoplado ao "viver o momento", a morte está associada à ideia de integração à vida, ou seja, ao ato de vê-la como um fato simples que venha "por alternância", como qualquer outro momento. Em suma, ela não revela a existência em seu ponto mais extremo, com a mais alta possibilidade, como sugeria Heidegger. Dessa maneira, a morte equivale ao "sentido da vida". Por meio dela se acede ao *non sense*, ao absurdo dela. Sua não significação, sua não significabilidade é a mesma do sentido da vida.

Em Heidegger, sabemos, a coisa é diferente. Na estrutura da preocupação, a morte é a mais extrema possibilidade do ser. Para Heidegger, comenta Jullien, a morte é a conclusão e a "fonte" de "abertura": o existente só se abre para si e para o mundo com a ameaça constante de fechamento a tudo que ele é (Jullien, 2004, p. 206). A morte seria o nosso "para quê" existencial e é só lá que encontraríamos nossa "inteireza" (idem).

Mas ela nos dá medo. Levinas diz que isso acontece porque ela é um porvir que não se pode antecipar. Ou, da qual não se pode *apropriar*. Com ela, retornamos ao Outro absoluto, de Levinas: "só a morte, ao ser radicalmente Outro, nos dá a chave de qualquer possível alteridade" (Marramao, 1992, p. 135). Quer dizer, talvez ela não seja um ato assim tão simples como o pretende o taoísmo. Ela, assim como o amigo (Santo Agostinho), é algo incomensurável, uma "proximidade distante irredutível a uma medida, a uma medida concebível para o sujeito" (Marramao, idem). O tempo oportuno refere-se a esse Outro, diz ele. E esse tempo não poderá ser próprio, autêntico, meu, pois sempre será o Outro que o tornará possível. Retornamos, assim, a Levinas.

Detalhamentos

> *Momento: é a situação que oferece; se é aberto a ele; cada vez uma paisagem nova.* "Um *'está* diante' *(praesens)* e o outro, 'posto' (colocado) 'diante' *(propositum)* – comecemos, pois, por dizer assim, numa língua ainda muito disjuntiva (sujeito-objeto...), enrijecida, porque é inflexível: esse 'processo' é 'oferecido' pela situação, revelando-se como ocasião;

e é a ele, reciprocamente, que se é 'aberto', por sua própria disposição. Em vez de trazer implicado nele o transcurso do tempo desdobrando ao infinito o horizonte (e de ser abandonado à ameaça de seu transcurso etc.), esse proposto dobra-se numa configuração própria, formando a cada vez uma paisagem, cuja justificação nasce dela mesma e cujo princípio, em profundidade, é qualitativo" (Jullien, 2004, p. 123).

Sábio é aquele que é "disponível"/Disponibilidade: abertura para o momento. "O que define o sábio, aos seus próprios olhos, é que ele é *disponível*, diríamos, não fixando-se em nenhuma posição, não entrando em nenhuma categoria, inclusive a das virtudes; pois, até mesmo as virtudes trairiam uma falta, já que elas constituem-se como fixações, relativamente exclusivas, que nos privam de nossa capacidade indefinida de evolução, e logo de adaptação – comecemos por esse termo, mas ele também é muito rígido – à exigência do 'momento' " (Jullien, 2004, p. 125).

Momento e acontecimento: um impõe-se, outro valoriza-se por contraste. "Um acontecimento 'sobrevém': traindo sempre um arrombamento em seu surgimento e transbordando o momento que ocupa: ao mesmo tempo sobressaindo e se isolando. (...) Diferentemente do acontecimento que concentra sobre si a atenção por seu caráter insigne, a ocorrência do momento não deixa entender nada de excepcional ou de privilegiado, mas somente o caráter relativamente diferente e novo que, por desdobramento de fases do processo, pode ser o de *todo* momento. (...) E enquanto um acontecimento empurra os outros para a sombra, em nome de sua excepcionalidade, e que os acontecimentos se prejudicam uns aos outros quanto à sua importância, os diferentes momentos, em contrapartida, tais como as estações, valorizam-se e se realçam, por contraste e reciprocamente: 'quando danço, danço; quando durmo, durmo...' " dizia Montaigne (Jullien, 2004, p. 131).

O chinês não diz "sentido da vida". "'Que sentido tem a vida?', é uma pergunta que revela o plano metafísico de nosso pensamento até no seio da expressão corrente, a fórmula é usada todos os dias.(.....) Quando penso a vida no horizonte do tempo e a considero como uma travessia, sou imediatamente levado a me colocar a questão do sentido *(Sinn)* dessa travessia: por que (para que) ir 'daqui' para 'lá', de uma *extremidade* para outra, de meu nascimento para minha morte? (...) Mas, se penso o viver segundo a ocorrência do momento e como uma transição contínua, um momento chamando o outro e todos esses momentos justificando-se apenas pelo fato de sua variação, todos se realçando mutuamente, desaparece o ponto de vista *deslocante* – o 'tempo' – de onde emanaria a questão do sentido, e a própria questão se dissolve" (Jullien, 2004, pp. 171-172). "(...) A vida opera por si mesma, *sponte sua*, não é necessário acrescentar nada – não é necessário rotular o sentido" (Jullien, 2004, p. 204).

Morte para Jullien. "Aquilo ao qual se acede assim é, não o não senso da morte (o absurdo), como tanto já se proclamou, mas sua não significação, ou melhor, sua não significatividade, ou seja, não precisamos mais nos interrogar sobre o sentido da morte do que da vida" (Jullien, 2004, p. 221). *Morte em Heidegger, cf. Jullien.* "É na morte, consequentemente, que o existente atinge a transparência em relação à sua própria existência, levada à antecipação. A morte é o nosso *para o que* essencial-existencial; logo, é tão somente na morte, como último 'não ainda', que esse 'ex-istente', cuja estrutura temporal é a preocupação e se manifesta como poder ser, pode encontrar sua 'inteireza'" (Jullien, 2004, p. 206).

CAPÍTULO 4

DO ACONTECIMENTO
Debate com Lucrécia d'Aléssio Ferrara

Fatos e o acontecimento

H á dois tipos de ocorrência: os fatos e os acontecimentos. Os primeiros são ruidosos, barulhentos, escandalosos, pomposos; são casos naturais, sociais ou artificiais que chamam a atenção no campo do contínuo mediático atmosférico. Constituem manchetes, notícias,

Capítulo 4 | Do acontecimento

produções jornalísticas estridentes e perturbadoras. Enquanto ocorrências singulares geralmente não deixam rastros. São rapidamente substituídas por outras, de igual impacto e intensidade. Já os segundos são casos de outra natureza. São silenciosos e insensíveis e atuam, no dizer de Claude Romano, à margem de sua efetuação, quer dizer, de sua representação, promovendo uma "reconfiguração anônima do mundo" (Romano, 2008, p. 159) e ocorrendo num "espaço que uma palavra jamais pisou" (Rilke, 1929, p. 23).

Por definição, acontecimento é aquilo que provoca a crise, que trama a história. Trata-se de algo único, excepcional, imprevisível, irrepetível e anônimo. Não é alguma coisa que eu produza, mas algo que "vem a mim sem ser de mim" (Romano, p. 145), ou algo que "cai sobre mim" (Derrida e outros, 2001, p. 95). Ele me atinge de surpresa, altera minhas vivências, me intima a renascer. Depois dele, eu já não sou o mesmo.

Um acontecimento eu enfrento de forma desarmada. Trata-se de uma *aventura:* há um perigo embutido, uma travessia a ser realizada, diante dele eu estou exposto a uma alteridade "que me quebra" (Fornari, 2008, p. 17). Há também certa intimação para que eu renasça, como disse Romano, para que eu seja de outro modo. Surge, em mim mesmo, essa alteridade, a "alteridade incomensurável de meus possíveis", que veremos mais adiante. Viver o acontecimento é ser atravessado por um impessoal do qual eu não posso me apropriar e o que faço é integrá-lo num novo projeto de mundo; ao realizar isso, já estarei transformado (Romano, 2008, p. 149).

Ludwig Klages desenvolveu paralelamente a Heidegger seu próprio conceito de acontecimento. A palavra que ele usa, diferente desse último, é *Geschehen* (que tem a mesma raiz germânica *ske-*, do termo "história", de *Geschichte*), e não *Ereignis* (que está associado ao alemão antigo *ir-ougen*, "pôr diante dos olhos", e ao termo "próprio", *eigen*). Um acontecimento, diz ele, é algo que nos impacta mediante seu aparecer característico. Ele nos abate, nos atropela. A ideia é a de que a pessoa, por si mesma, não realiza nada, mas participa de um mundo onde as coisas acontecem e a atravessam.

Para Klages, um acontecimento tem um *aparecer característico* enquanto unidade de múltiplas informações, que permite que eu o apreenda como um todo (semelhante à *intuição sensível,* de Husserl). Reconhecemos esse aparecer porque ele provoca em nós um *efeito mágico*, que nos faz envolvermo-nos na cena, metamorfosearmo-nos nela. A inserção dessa vivência nas coordenadas de tempo e espaço engloba o acontecimento sob o conceito de *imagem originária*. É o caso da arte, que, além do formalismo, do valor estético, é o mais puro sentir. Não amamos a generalidade, a beleza, o acento, a virtude, mas determinada pessoa, certa paisagem mesmo que outras tenham as mesmas qualidades de beleza. Amamos também a única aparição, sua incomparabilidade. Foi a partir daqui que Walter Benjamin desenvolveu seu conceito de aura (PRD, 3, tomo 2, p. 153).

Tanto na fenomenologia de Husserl quanto na de Heidegger esconde-se, dentro de nossa própria atividade intencional, uma passividade por meio da qual não escolhemos a coisa, mas, mesmo assim, a assumimos. Henri Maldiney cunhou para isso o conceito de *transpassibilidade*, que é o fato de nos submetermos a acontecimentos, na medida em que isso implique para nós uma abertura ativa para um campo de receptividade (Maldiney, 1991, p. 114). A ocorrência acontecimental, não obstante, não pode ser vista como algo interno, intramundano. De fato, para Heidegger, era *minha liberdade* antes de mais nada que projetava o mundo mais além do ente, mediante um retiro existencial extremo, o da angústia. Já para esse conceito de acontecimento, é seu próprio surgimento que reconfigura minhas possibilidades antes de qualquer projeto meu (Romano, 2008, p. 142). A pessoa (o "adveniente", na linguagem de Romano) responde ao acontecimento, ocorre o encontro.

Não sendo um fato "intramundo", o acontecimento "abre um mundo" mais além de qualquer projeto. Essa é a aventura do adveniente.

Detalhamentos

O acontecimento não é efeito de um fato: é a própria transformação. "O acontecimento não poderia ser concebido primeiramente como um *fato* que se produz sem mais no interior do mundo e que, num segundo momento, 'alteraria minhas vivências' e me transformaria; pois o acontecimento *não é nada distinto* dessa transformação do mundo e da existência – transformação às vezes tão silenciosa e tão discreta quanto o fato é ruidoso e vistoso – posto que não pode ser sujeitado senão *posteriormente;* quando o mundo antigo desmoronou-se encontro-me sob o requerimento de renascer por mim mesmo, de apropriar-me dessa alteridade incomensurável de meus possíveis" (Romano, 2008, p. 148.)

O acontecimento provoca a crise, trama a história. "O acontecimento, afirma Romano, 'é originariamente tempo', ou, em outros termos, 'abre o tempo, faz crise (*hace crisis*) e, com isso, 'trama a história'" (Fornari, Mena, Munõz e Eduardo Silva, "Presentación". In: Romano, 2008, p. 16). *O acontecimento vem a mim sem ser de mim.* "(...) O 'possível' já não é aqui o que está aberto no livre projeto de um poder-ser finito, senão *o que vem a mim sem vir de mim* (...) intimando-me a que renasça, a ser de outro modo eu-mesmo, isto é, a advir-me a partir da alteridade que o acontecimento anonimamente faz surgir em mim mesmo" (Romano, 2008, p. 145).

Acontecimento: algo que surge de surpresa. "Só podemos defini-lo como aquilo que não era esperado, que chega sem ser anunciado (*unexpectedly*) e nos atinge de surpresa" (Dastur, 2000, p. 182).

O acontecimento "cai em cima de mim". "(...) o acontecimento, enquanto acontecimento, enquanto surpresa absoluta, deve cair sobre mim. Por quê? Porque se não cai em cima quer dizer que eu o vejo vir, que há um horizonte de espera" (Derrida, J. e outros, 2001, p. 95). *Acontecimento: singular, irrepetível, anônimo.* "O acontecimento é *singular*, único e, por conseguinte, necessariamente *irrepetível*, e, sem embargo, até em sua 'individuação' extrema permanece *anônimo*" (Romano, 2008, p. 145).

A alteridade do acontecimento "me quebra". "A experiência não deve ser pensada sob o conceito empirista enquanto receptividade, repetição e hábito, mas referir-se ao perigo, à travessia e à aventura que expõe a si mesmo a alteridade que lhe advém e que o quebra" [Fornari, Mena, Munõz e Eduardo Silva, "Presentación". In: Romano, 2008, p. 17).

Um novo mundo se abre. "Ele não acontece em um mundo – é, ao contrário, como se um novo mundo se abrisse por meio de seu aparecimento (*happening*)" (Dastur, 2000, p. 182). *Estar aberto, mesmo "ser destruído" pelos novos acontecimentos.* "Essa não coincidência consigo mesmo, que permite a possibilidade de estar aberto a novos acontecimentos, de ser transformado por eles ou mesmo destruído por eles, é, assim, aquilo que faz do sujeito um ser temporal, um ser "ex-istente", um ser que está constantemente habilitado (*is able*) a sair de si mesmo" (Dastur, 2000, p. 182).

Para Heiddeger sou eu; para o acontecimento, é o mundo. "(Diferente de Heidegger) não é *primeiramente* minha liberdade quem projeta o mundo mais além do ente e possibilita todas minhas possibilidades configuradas de mundo em meu projeto resolvido, voltado para a morte, mas o acontecimento, compreendido mais radicalmente em sua relação com o possível, o que, por seu próprio surgimento, reconfigura todas minhas possibilidades antes de qualquer projeto *meu,* e, desse modo, faz reinar o mundo para o 'ente' que eu sou" (Romano, 2008, p. 142).

Da alteridade: em Heidegger, na solidão; aqui, no encontro. "Enquanto que a oposição do próprio e do impróprio condenava Heidegger a conceber a ipseidade do *Dasein* como solidária de um retiro existencial extremo, inclusive de um 'solipsismo existencial', o da angústia, tornando por isso mesmo muito delicada toda compreensão da modalidade própria ou autêntica da solidão (*Fürsorge*), o destino da ipseidade determinada em seu sentido acontecial, como capacidade de resposta ao acontecimento, portanto como capacidade de mudança para o adveniente, aparecia, ao contrário, inexoravelmente ligada a esse acontecimento por excelência, pelo qual o outro se declara: o do encontro" (Romano, 2008, p. 51).

Acontecimento: me reconfigura, abre o mundo mais além do meu projeto. "(Acontecimento não é um fato intramundano, mas algo que) reconfigurando todas as minhas possibilidades essenciais abre um mundo mais além de todo projeto" (Fornari, Mena, Munõz e Eduardo Silva, "Presentación". In: Romano, 2008, p. 17). *Abertura como "aventura".* "E adveniente está constitutivamente aberto aos acontecimentos. Essa abertura ao que advém é sua aventura" (Fornari, Mena, Munõz e Eduardo Silva, "Presentación". In: Romano, 2008, p. 18).

A construção do sentido

Eu não sou apenas "atropelado" pelo acontecimento. No momento em que ele ocorre, o sentido se constrói junto. É o mesmo que dizer que não é que o acontecimento *tenha* sentido, ele é o sentido, como o expressa Gilles Deleuze, em *A lógica do sentido* (PRD III, tomo 1, pp. 99-100). O sentido vem junto. No dizer de Romano, o acontecimento traz seu próprio horizonte de inteligibilidade (p. 43), o sentido só se torna possível a partir do horizonte por ele aberto.

Husserl olha certo objeto. Ele busca fazê-lo sem o recurso de seu *a priori*. No ato de perceber esse mesmo objeto em sua consciência, essa sai de si mesma, se transcende, e *doa sentido*, reduzindo as múltiplas dimensões do objeto a algo único. Ora, com o acontecimento a coisa acontece diferente. Não trata-se de uma dotação ou doação de sentido pela consciência, pois o fenômeno, não capturado por alguma compreensão prévia, traz seu próprio horizonte de inteligibilidade.

Numa operação às avessas, o surgimento do acontecimento faz que ele próprio recrie retroativamente suas causas. É só posteriormente que ele chega a ser acontecimento. Daí Nietzsche dizer, em *Além do bem e do mal*, que os acontecimentos maiores são os que mais tardiamente se fazem compreender; as gerações que são deles contemporâneas não têm a vivência, vivem à margem desses acontecimentos.

É por meio dos possíveis que podemos chegar ao *sentido* do acontecimento. Antes de ocorrer o acontecimento, o mundo é um imenso emaranhado de "possíveis". O acontecimento, ao se realizar, compõe, a partir dos possíveis, a rede de sentidos que só ele agora valida. Ele recria retrospectivamente as causas, nós nos damos conta do sentido criado apenas *a posteriori*. Aqui separa-se uma evolução esperada dos fatos de uma ocorrência efetiva de um acontecimento. Na evolução esperada, há um possível pré-esboçado, previsível, aguardado, *trivial*. O acontecimento, diferente disso, o transborda, opera com possíveis que estavam "em reserva", "muda a cara do mundo" (Romano). Ele introduz um excedente de sentido que transcende todo compreender; ele faz contraposição a uma espera determinada, ele põe em xeque o "horizonte geral de nossas esperas" (idem), o que mantinha nosso mundo habitual e habitável.

Mas não só os acontecimentos, mesmo alguns fatos, diz Romano, podem desarticular, por encobrir uma "novidade de direito", por "excessivos possíveis que mantêm em reserva", e assim, promover o desarranjo de toda uma cronologia factual.

O jornalismo, diante de fatos que jamais serão acontecimentos, dos fatos que podem se tornar acontecimentos e dos acontecimentos propriamente ditos, "diz" o acontecimento, comenta Derrida, *realiza* o acontecimento à sua moda. Uma Guerra do Golfo passada na TV não é a Guerra do Golfo ela mesma um acontecimento que é seu próprio dizer, o dizer *do* acontecimento, irredutível à apropriação mediática, diz ele. Para Derrida, o indizível, no caso, são os mortos. Para Deleuze, o indizível é a "contraefetuação": se os eventos realizam-se na superfície física do mundo, na superfície metafísica, ao contrário, o acontecimento projeta-se como fato além das narrativas, além dos relatos, além dos discursos, como evento impessoal, livre, neutro (PRD III, tomo I, cap. 1m).

Deleuze diz que o sintoma aparece nos dois planos: no físico e no metafísico. Para Derrida, as pessoas são indistintamente surpreendidas pelo acontecimento e atribuem individualmente um significado. Contudo, independente delas e das significações atribuídas, há um *sintoma,* que seria esse neutro, impessoal. Para ele, o efeito de verdade ou a própria busca da verdade tem a ver com o sintoma, já que é ele que nos "cai em cima", que nos atropela.

A temporalidade do acontecimento, além do mais, não é a *nossa* temporalidade. Vivemos em tempo diferente do tempo do acontecimento. Quando ele ocorre, quando "a decisão" se realiza, quando ela "se declara", em verdade, ela já tinha sido efetivada tempos atrás.

Pelo que foi expresso, o acontecimento é, assim, a realização possível do impossível. A morte de um ser querido já está pré-figurada entre os possíveis de nosso mundo, diz Romano, sabemos que ela pode vir golpear qualquer um de nós, mas quando ela de fato vem, nossa primeira reação é "Não é possível!". Em verdade, diz ele, "o acontecimento não se reduz de maneira alguma à sua atualização como fato; transborda qualquer fato e qualquer atualização pela carga de possíveis que mantém em reserva e em virtude da qual o que toca mesmo são os fundamentos do mundo para o existente" (Romano, 2008, p. 42). Jacques Derrida, nesse aspecto, é radical: a surpresa tem que ser absoluta, ela tem de cair sobre mim, eu não posso vê-la chegar. "O Outro me afeta de impotência", dizia Levinas (citado por Romano, 2008, p. 158). Um inventor não pode inventar a não ser o que jamais poderia ter sido pensado; um dom, que eu faço, só é um dom, uma doação, se ele jamais tinha sido esperado como tal.

Detalhamentos

O sentido vem a posteriori. "Inacessível a toda explicação, seu sentido só se torna compreensível a partir do horizonte por ele aberto; isto é, segundo um 'atraso' (*après coup*) estrutural, a partir de sua posteridade" (Fornari, Mena, Munõz e Eduardo Silva, "Presentación". In: Romano, 2008, p. 20). *Do sentido; vem do próprio AC.* "O acontecimento não tem um sentido que poderia ser captado e apreendido com o cetro (*con la vara*) do compreender como existencial, ele é a origem de seu próprio sentido tal e como esse anuncia-se na existência antes de todo poder-ser 'compreensor' voltado à morte" (Romano, 2008, p. 148).

Acontecimento é inversão de Husserl. "(...) o acontecimento é o único fenômeno que exemplifica verdadeiramente a caracterização husserliana da fenomenologia – *invertendo-a:* se a fenomenologia torna o aparecer como fonte de legitimidade, sem pré-julgar sobre seu sentido, o único fenômeno que cumpre fidedignamente um tal *telos*, o fenômeno por excelência, é precisamente aquele que não é acessível na medida de sua compreensão prévia, aquele que aporta consigo seu próprio sentido, ao mesmo tempo que seu próprio horizonte de inteligibilidade, o fenômeno assinala por si que o sentido do aparecer não se deixa dissociar mais do aparecer do sentido" (Romano, 2008, p. 32).

Nietzsche e os grandes acontecimentos. "Os maiores acontecimentos e as maiores ideias – e as ideias maiores são também os maiores acontecimentos – são os últimos a serem compreendidos, as gerações contemporâneas não chegam a vivê-los – passam sempre ao lado deles. Acontece na vida como acontece entre os astros. A luz das estrelas mais longínquas chega mais tarde até nós e o homem que não as percebeu nega a sua existência. 'Quantos séculos necessita um espírito para ser compreendido?' – Mesmo isso é uma medida que por isso mesmo cria uma hierarquia, uma etiqueta indispensável para o espírito tanto quanto para os astros" Nietzsche, 1886, Aforismo 285.

Retrospectivamente o acontecimento recria suas causas... "(...) os acontecimentos mais surpreendentes ao princípio não adquirem seu caráter de acontecimentos senão retrospectivamente, à medida que os possíveis se invertem. (...) Não é senão 'posteriormente' que o acontecimento chega a ser o acontecimento que era" (Romano, 2008, p. 92). "Retroativamente, (o romantismo) criou sua própria pré-figuração no passado e uma explicação de si mesmo por seus antecedentes" (Bergson, H., 1938, pp. 22-23). O que diz Bergson aqui de um acontecimento histórico vale igualmente para um acontecimento "individual" (Romano, 2008, p. 44).

O sentido vem dos "possíveis". "Considerando que os possíveis articulados no mundo que o acontecimento transtorna são também aqueles a partir dos quais compreendemos os seres e as coisas, eles também são os possíveis hermenêuticos dos quais depende o sentido de tudo o que compreendemos, o acontecimento não é só o que sobrevive, de alguma maneira, *antes de ser possível*, mas que é também o que *traz seu próprio horizonte de inteligibilidade*" (Romano, 2008, p. 43).

Não somos contemporâneos dos grandes acontecimentos de nossa vida. "Só podemos falar do acontecimento na terceira voz (*in the third voice*) e num tempo passado, no modo do 'aconteceu a mim'. Nós nunca experimentamos os grandes acontecimentos de nossas vidas como contemporâneos" (Dastur, 2000, p. 186). *Das grandes decisões não somos contemporâneos de sua origem; elas se anunciam já muito tempo antes.* "Enquanto que em todo reencontro, segundo a fórmula de Levinas, 'o outro me afeta de impotência', na decisão, ao contrário, manifesta-se um poder que é de minha única competência: e, sem embargo, as grandes decisões, aquelas que nos modificam e se inscrevem em nossa vida como verdadeiros *acontecimentos*, preparam-se em nós de tal maneira que não somos jamais contemporâneos de sua origem; não, como o pensa Sartre, porque já sempre havíamos decidido o que viria a hipostasiar a liberdade humana, a conferir a nossa faculdade de eleger uma potência incondicionada e propriamente demiúrgica (a deliberação não seria mais do que 'comédia' que nós representaríamos a nós mesmos, quando, em verdade, 'a sorte já estaria tirada'), senão porque a maior parte das decisões verdadeiras, se elas são verdadeiramente decisões, se anunciariam desde muito tempo, antes inclusive de enunciar-se" (Romano, 2008, p. 158).

O acontecimento transborda o fato; altera o mundo existente; a "cara" dele muda. "O acontecimento não se reduz, de maneira nenhuma, à sua atualização como fato; transborda todo fato e toda atualização pela carga de possíveis que mantém em reserva, em virtude da qual o que atinge são os fundamentos (*los cimientos*) mesmos do mundo para o existente. Não realiza somente um possível prévio, pré-esboçado no horizonte de nosso mundo circundante; alcança o possível em sua raiz e, por conseguinte, transtorna o mundo inteiro daquele que sobrevém: não é tal ou qual o possível, é a 'cara do possível', a 'cara do mundo' que aparece para ele mudada" (Romano, 2008, pp. 42-43). *Acontecimento transfigura o mundo, lhe dá um excedente de sentido.* "Distinto do fato (*Tatsache*) que sobrevém pura e simplesmente em um presente realizado e definitivo, o acontecimento é aquilo que se mantém em reserva em todo fato e toda efetuação, dando-lhe sua carga de possibilidades e, por conseguinte, de porvir; é o que transfigura o mundo, introduzindo nesse um excedente de sentido que transcende todo compreender (*Verstehen*), entendido como projeto finito de um poder-ser. O acontecimento enquanto tal – isto é, em sua acontecialidade – não é possível, assim, senão em relação com o *possível*, posto que é o que *reconfigura a cada vez as possibilidades da existência*, introduzindo uma fissura na autoclausura do possível, posto que *depois* do surgimento do acontecimento nada será como *antes;* já não será o mesmo mundo com suas possibilidades abertas, senão que seu surgimento mesmo, abrindo possibilidades novas e fechando outras correlativamente, comove de cima a baixo aquilo que é necessário chamar, segundo a terminologia de *ser e tempo*, o 'mundo'" (Romano, 2008, pp. 141-142).

Alguns fatos transcendem a previsibilidade; podem desarticular. "Dito de outro modo, porque todo fato, por esperado que seja, encobre uma novidade *de direito*, que não é, de nenhum modo, incompatível com sua previsibilidade, que alguns fatos podem excetuar-se do regime normal dos fatos pelos possíveis excessivos que mantêm em reserva, e que podem, por isso, aceder à categoria de acontecimentos e suscitar essa desarticulação de toda cronologia factual que pertence à modalidade mesma de sua experiência" (Romano, 2008, p. 94).

Guerra do Golfo mostrada ao vivo na TV. "De maneira naturalmente não dita, não confessada, não declarada, se faz passar um dizer o acontecimento, um dizer que faz o acontecimento, por um dizer do acontecimento" (Derrida, J. e outros, 2001, p. 89). *A Guerra do Golfo não aconteceu?* "No acontecimento, que é irredutível, por fim, à apropriação mediática ou à digestão mediática, houve milhares de mortos. São acontecimentos sempre singulares, que nenhum dizer de saber ou de informação haverá podido reduzir nem neutralizar. (...) (A partir) do acontecimento teve lugar algo que não se reduz a isso em nenhum caso. Do acontecimento, o que não se reduz talvez a nenhum dizer. É o indizível: são os mortos, *por exemplo*, os mortos" (Derrida, J. e outros, 2001, p. 106).

Sobre o sintoma. "Por exemplo, no que acontece aqui: somos bastante numerosos, cada um interpreta, prevê, antecipa, é excedido, surpreendido na cara com aquilo que se pode chamar de acontecimento. Mais além do significado que cada um de nós possa ler nisso, inclusive enunciar sobre isso, há sintoma. Inclusive o efeito de verdade ou a busca da verdade é da ordem do sintoma. Sobre esses sintomas podem ocorrer análises. (...) O que nos cai em cima, verticalmente, é o que produz sintoma. Em todo acontecimento há segredo e há sintomatologia" (Derrida, J. e outros, 2001, p. 102).

O acontecimento já havia ocorrido antes de se declarar. "O acontecimento é aquilo que reconfigura por si mesmo meus possíveis (...), de tal modo que logo que se realiza como decisão efetiva, quando a decisão intervém, ou, mais exatamente, 'se declara', já teve lugar 'desde há tempos' – segundo um *já* que não se deve entender segundo a cronologia factual, senão em conformidade com essa brecha que o acontecimento cavou entre um passado e um porvir irremediavelmente cindidos, de onde o tempo mesmo surge em sua deiscência extática – no modo impessoal" (Romano, 2008, p. 159).

Derrida: o possível só ocorre na condição de ser impossível. "Na confissão, há um dizer do acontecimento, daquilo que ocorreu, que produz uma transformação, que produz outro acontecimento e que não é simplesmente um dizer de saber" (Derrida, J. e outros, 2001, p. 91). "O dom: o dom, se há, se é possível, deve aparecer como impossível" (Derrida, J. e outros, 2001, p. 92). É como eu, que, repentinamente, sem que se espere nada, lhe ofereço algo: "(...) se eu invento o que posso inventar, o que me é possível inventar, não invento. (...) Se há invenção – pode ser que não haja nunca invenção, da mesma maneira que nunca haja o dom e o perdão – se há invenção, ela não é possível a não ser sob a condição de ser impossível. Essa experiência do impossível condiciona a acontecibilidade do acontecimento" (Derrida, J. e outros, 2001, pp. 93, 94). *Tenho de vir "desarmado"*: "(...) o dizer fica ou pode ficar desarmado, absolutamente desarmado por essa impossibilidade mesma, desamparada ante a vinda sempre única, excepcional e imprevisível do outro, do acontecimento como outro: devo ficar absolutamente desarmado" (Derrida, J. e outros, 2001, p. 95).

Põe em xeque o horizonte de nossas esperas. "Diferente de um fato, mesmo que inesperado, um acontecimento não contravém somente a uma espera determinada, (ele) põe em crise o horizonte geral de nossas esperas, aquele que torna nosso mundo habitual e habitável, faz vacilar os fundamentos de nosso mundo cotidiano afetando o possível em sua raiz" (Romano, 2008, p. 91).

O acontecimento comunicacional

A discussão desenvolvida até aqui fala do conceito de acontecimento no campo da filosofia. Não é um tema menor. O filósofo Gilles Deleuze disse, pouco antes de morrer, que não buscou outra coisa senão o acontecimento, que todo seu tempo passou escrevendo apenas sobre isso. Para ele, o acontecimento é tudo: é a pulsação de vida, o único que efetivamente interessa.

A Nova Teoria da Comunicação toma o acontecimento como um de seus pilares, junto com outros conceitos estruturantes como alteridade, sentido, movimento, além-linguístico, razão "entre" e razão "durante". Mas, em que medida o acontecimento comunicacional difere do acontecimento em geral?

Os acontecimentos em geral, na forma como descritos nos itens anteriores, são caracterizados por:

- serem únicos, imprevisíveis, anônimos;
- serem silenciosos: virem a nós, caírem sobre nós;
- serem uma aventura, uma travessia à qual nos expomos à alteridade;
- provocarem a crise, reconfigurarem o mundo, por nos fazerem renascer, não sermos mais os mesmos depois deles, construírem o sentido;
- recriarem retroativamente suas próprias causas;
- só chegarem a ser acontecimentos posteriormente.

Eles são acontecimentos tanto no plano pessoal, subjetivo, quanto no grande plano de uma sociedade inteira. No plano pessoal, por exemplo, a morte é o grande paradigma. No plano social maior, falou-se da Guerra do Golfo, fala-se do ataque às Torres Gêmeas. Há certa grandiosidade nos acontecimentos que os fazem verdadeiros divisores de água. O acontecimento comunicacional também ocorre nos dois planos e, de certo modo, produz efeitos similares ao acontecimento em geral, pois, se for aceito que comunicar é transformar-se, mudar de posição, passar a pensar diferentemente, ser efetivamente tocado, mexido, alterado pelo outro, então quase todas as características de um aplicam-se ao outro, pois está embutido no conceito filosófico de acontecimento esse traço comunicacional de o ser tornar-se outro após a vivência desse fato.

Scott Fitzgerald sugere duas espécies de acontecimento: (1) "aqueles que vêm de fora e dão a impressão de produzir-se muito rapidamente: esses fazem seu trabalho 'de um golpe', diz ele, mas seu caráter repentino não se isenta de uma demora, nem seu estrépito, de certa latência ('não mostram seus efeitos de imediato'), do desfazer-se (*del descalce*) de uma 'tomada de consciência' que se produz sempre mais tarde e em virtude da qual esse primeiro tipo de acontecimento se reúne, por outro lado, com o segundo ('eles *parecem* vir de fora')"; (2) "aqueles que se produzem sem que se tenha 'quase' consciência, cujo trabalho subterrâneo, sísmico – o desmoronamento – não tem nada de notável nem de estrepitoso, senão que se efetua lenta e insensivelmente: é então a 'consciência' mesma que se toma, o que faz deles acontecimentos, pois é de súbito que se toma consciência, 'muito de repente'" (Romano, 2008, p. 161).

É o mesmo que dissemos da temporalidade metapórica (PRD, vol. 3, tomo 5, p. 255): adquirimos conhecimento de uma só vez e sem conceitos, no sentido que lhe dão Schopenhauer e Bergson, num choque inicial – o pico de êxtase do primeiro momento, quando atua a intuição sensível. A partir do impacto começamos a mudar. Mas há o inverso, a provocação lenta e contínua de certos instigadores que vão levar, após certo tempo, à eclosão transformadora.

É assim que o explica Claude Romano: "O primeiro tipo de acontecimento, o súbito explosivo da 'primeira vez', precede a integração do acontecimento num projeto de mundo, ou, ao contrário, a desintegração do 'fundo' de onde a ipseidade e a existência têm sua ancoragem. No segundo tipo, a latência e a demora 'precedem' o surgimento repentino do acontecimento, enquanto 'tomada de consciência' dessa demora,

Capítulo 4 | Do acontecimento

desse desfazer-se mesmo, segundo o qual o acontecimento inverteu, definitivamente 'rachou' aquele que éramos" (Romano, 2008, p. 161).

Mas há algumas diferenças entre o acontecimento filosófico e o acontecimento comunicacional. Em primeiro lugar, a comunicação "não cai sobre nós", nos atropelando. É diferente de um acontecimento para os filósofos, um fato político-social, por exemplo, como o atentado às Torres Gêmeas, que caiu sobre todo o Ocidente, gerou um impacto informacional de primeira ordem. Todo o planeta voltou-se estupefato, pasmo, diante do acontecido. A ação teve forte efeito propagandístico: nos pressionou a acompanhar a notícia, a discutir o assunto, a seguir as repercussões. Mas foi, por isso mesmo, um acontecimento que *forçou* as atenções, que atraiu o debate político mundial, representou uma provocação, um desafio.

No caso do acontecimento comunicacional, ao contrário, é preciso separar *intencionalidade* de *decisão*. No processo da comunicação, o emissor, quando procura convencer outros, movê-los à ação, influir em seu modo de pensar, realizando sinalizações *ativas*, usa-se de intencionalidade. (A intencionalidade aqui tem um sentido diferente da intencionalidade de Husserl, para quem a consciência só é consciência enquanto consciência *de algo*, quer dizer, ela não existe sozinha, como coisa em si. É esse algo que lhe garante o estatuto de existência. Essa é a inversão cartesiana pretendida por Husserl: é a coisa que realiza, que dá vida à consciência, assim como – para nós – é a relação que realiza a informação e a comunicação).

Assim, o emissor tem intenção de influenciar; já o receptor pode abrir-se ou não a esses atos. Ele tem a prerrogativa da *decisão*. A intencionalidade, ele vai usar somente quando precisa saber de algo, quando vai, por conta própria, em busca de informações a respeito desse algo, quer dizer, quando não existe um emissor enviando-lhe ativamente sinais de captura. A frase de Claude Romano comentada no capítulo 4, a respeito de Husserl e Heidegger, diz que dentro de nossa própria atividade intencional há uma passividade, pela qual não escolhemos a coisa, mas, mesmo assim, a assumimos.

Dentro do campo da comunicação, é somente nas práticas propagandísticas, publicitárias e na sedução que ocorre esse assalto à nossa intencionalidade; no mais das vezes praticamos nosso direito à escolha do que queremos ver, ouvir, presenciar. Ao contrário, nos acontecimentos para os filósofos, o princípio é o de que eles caem sobre nós, desabam sobre nossas cabeças, nos desorientam. Nós não escolhemos ver ou não ver o acidente das Torres Gêmeas, nós não decidimos nos defrontar com o acontecimento da morte. No primeiro caso, o da comunicação, há um jogo entre emissor e receptor, uma luta por conquista, por convencimento, pelo prevalecimento de uma opinião. Em certo momento, algo muda. Muda na consciência do receptor. Algo sutil informa que estamos pensando diferentemente. É a virada. Seu realizador foi a própria alteridade à qual nos expusemos. Dela saímos transformados, "reconfigurados".

A segunda diferença entre um acontecimento para os filósofos e para a comunicação é que, no caso do primeiro, o acontecimento só chega a ser acontecimento *posteriormente,* o compreendemos só tardiamente, vivemos "à margem deles", como dizia Nietzsche.

De fato, não estamos em fase com o acontecimento, encontramo-nos *defasados* em relação a ele. É o oposto do que ocorre com os acontecimentos comunicacionais, que provocam em nós uma reação sincrônica, mais ou menos sintonizada com eles. Uma coisa é o efeito imediato, de choque, de impacto; outra, são as repercussões a longo prazo, as grandes mudanças históricas. É o caso da mudança tecnológica que está em marcha há cinco décadas e que vai provocar, a partir dessas últimas duas décadas, transformações de efeito retardado inimagináveis a médio prazo. Comunicação é diferente de História. Ela detona, provoca um abalo e o restante da sociedade recompõe-se a partir desse fato. Não se prevê as mudanças a longo prazo, mas constata-se uma trepidação inicial, as repercussões sobre a emoção e o pensamento. Há indícios claros de que algo de transformador está acontecendo, de que as pessoas estão diferentes.

A comunicação atua de forma sincrônica, não diacrônica. A leitura extensiva, de longo alcance, é objeto da filosofia, que pretende uma *explicação*. Já a leitura no tempo da ocorrência só pode ser intensiva, factual, vertical, em oposição à horizontalidade da História, da antropologia e da teoria da evolução. Aqui não se busca explicar, mas constatar, registrar, assinalar. Ela dispõe os fatos, mostra o que constatou, deixa à disposição. Há uma ciência do instantâneo, do impactante, da reação primeira, dos efeitos imediatos sobre a consciência, que já havia sido proposta cento e vinte anos atrás por Henri Bergson.

Lucrécia D'Aléssio: a interação e o "processo" ("acontecimentalizar" o acontecimento?)

Nos três textos de Lucrécia Ferrara apresentados evidenciam-se os seguintes pontos:

(1) As certezas de um saber comunicativo devem ser substituídas por brechas e poros comunicativos. Trata-se da indecisão, a imprevisibilidade, o hibridismo do conceito de fronteira.

A determinação oscilante de um conceito é uma postura da Nova Teoria que considera antiaristotelicamente a contingência, o terceiro incluído. Nada é, tudo está sendo agora, como sugere Heráclito. Qualquer assentamento, qualquer fixação nos remete necessariamente à metafísica. Isso já foi demonstrado no cap. 1g, que debateu conceitos como *pharmakon*, o *khôra* e *poros* (PRD, vol. 3, tomo 1, p. 53ss), posteriormente na apresentação de Theodor Adorno e seu não idêntico (tomo 2, pp. 36-37 e 41-42), e, por fim, nos debates anteriores sobre a temporalidade.

Jacques Derrida o resume na discussão sobre o *quiçá*, como a categoria que se coloca entre o possível e o impossível. A teoria do acontecimento aqui desenvolvida opera exatamente com essa ambivalência do conceito e o insere como elemento estruturante da própria teoria.

(2) A comunicação não pode se reduzir ao "está acontecendo", ela é muito mais do que isso: há uma potência comunicativa do gesto comunicacional.

Naturalmente, o ato comunicativo é algo que resulta de todo um desenvolvimento que redunda em uma mudança de estado. Da água forma-se o gelo. É de um golpe. Não se dá por mudanças progressivas, mas por insistência, persistência, perseverança, constância, obstinação. É o segundo modelo de Scott Fitzgerald: lento e sensível. É a transformação da consciência, é a intervenção educacional, é a quebra de valores e de modelos.

Esse algo que está em potência, a que se refere Lucrécia D'Aléssio Ferrara, são os chamados possíveis. Eles estavam "em reserva" antes da ocorrência do acontecimento. Não obstante, eles ainda não são acontecimento, são suas condições de possibilidade, não valem para investigar o acontecimento a não ser *a posteriori*, quando o próprio acontecimento institui um sentido que os articula. Mas *a posteriori* já não estamos estudando a comunicação, mas seus desdobramentos sociológicos, políticos, antropológicos etc.

(3) A comunicação não se reduz ao momento em que ela se dá, mas precisa ser capturada em seu processo, é preciso investigar como os passos viabilizaram a realização daquele fato.

O fato de existirem possíveis não significa que a investigação da comunicação precise resgatar a série de fluxos, vetores, fios intencionais.

Mesmo porque isso é impossível. A reconstrução arqueológica, a pesquisa das origens e dos fatos precursores de tal ou tal evento cabem à pesquisa histórica, à investigação das articulações passadas, que justificam um trabalho retroativo sobre a evolução e o progresso de um acontecimento. Mesmo assim, trata-se de hipóteses discutíveis, polêmicas, questionáveis, pois apoiam-se em interpretações subjetivas que aspiram chegar à "verdade da coisa", a saber, a um dado metafísico, caindo nas armadilhas da *interpretose*. Afinal, por que precisamos de uma compreensão transmitida junto da exposição? Por que, ao mesmo tempo que incorporamos os dados, os elementos de uma cena, temos de receber de contrapeso a *opinião* do pesquisador? Por que *doxa* se soma à *epistéme*?

Esses procedimentos aspiram trazer luz ao encadeamento de fatos que produziram, ao longo do tempo, uma transformação. Quando José Luiz Braga cita o exemplo das línguas (Ferrara, 2011a), sua intenção é dizer que a comunicação não ocorre apenas em "grandes momentos": pessoas falando cotidianamente uma língua irão transformá-la, ao longo dos séculos, em outra língua. "Pequenas comunicações" levam à grande comunicação, a saber, ao acontecimento comunicacional. A questão do pequeno e do grande, na esfera da comunicabilidade, será discutida no próximo capítulo.

(4) Muito além de um simples 'pesquisador que se retraia enquanto personagem e cede toda cena ao acontecimento', exige-se um pesquisador ativo no processo empírico: ele deve ter um papel ativo, deve 'acontecimentalizar' o acontecimento.

Lucrécia Ferrara se opõe aqui à nossa proposição de que o pesquisador metapórico deva sustentar uma posição *passiva*. "Passivo" em nosso caso quer dizer *não interveniente,* não interventor, não manipulador. Não tem nada a ver com inércia, indiferença, inação ou submissão. Nosso pesquisador da comunicação é um estudioso engajado, interessado, dinâmico, atento a cada minúcia do acontecimento, preocupado em apreender tudo que o envolve, um verdadeiro leitor atento da cena. No dizer de Husserl, ele é um "espectador do mundo", mas, acima de tudo, cuidadoso, minucioso, cauteloso e muito ágil; ele é sensível, apurado, como foi Proust ao descrever a sociedade francesa do final do século 19 sem incluir-se como personagem significativo, sequer expressivo; sem emitir juízos, apenas relatando. Ocupar-se com um objeto, para a subjetividade transcendental de Husserl, é praticar a pura descrição e não fazer inferências nem aspirar à cumulatividade do saber.

O "acontecimentalizar" exige "um pesquisador ativo no processo empírico, embora sem preconceitos judicativos e/ou hegemônicos que o transformem em sujeito agenciador do conhecimento como postulava a antiga ciência dos séculos 17 e 18". Alguém deve acontecimentalizar o acontecimento, isso significa que ao pesquisador cabe "desconstruir certezas e evidências que, históricas e redundantes, apresentam-se como inquestionáveis".

Desconstrução é um trabalho que tanto Derrida quanto Foucault empreendem. Foucault, por exemplo, desconstrói os objetos privilegiados do discurso filosófico da tradição: a razão, o normal, a patologia, o homem, dando-lhes outra leitura, os desmistificando. É o trabalho de um hermeneuta. O pesquisador da comunicação, contudo, não busca realizar essa operação de leitura desmistificante que, em muito, lembra certos resquícios platônicos do desvelamento. Não deixa de ser uma forma, mesmo que sutil, de intervir ilustrando. A proposta metapórica, diferente da desconstrução, pode chegar, a nosso ver, a resultados mais consequentes, pois não deixa ao pesquisador, mas ao leitor, àquele que se depara com suas descrições, a prerrogativa e a capacidade de ele próprio diluir os mitos, os equívocos, as manobras manipuladoras de eventuais estudiosos. Ao reconhecer o outro, a alteridade, a diferença conquista-se a autonomia e a liberdade. É um processo que acontece a cada um, desvencilhando-se de si mesmo.

Detalhamentos

O "quiçá": o possível-impossível de Nietzsche. "(...) o que se espera dos filósofos vindouros é um pensamento do 'quiçá', ao qual resistiram todos os filósofos clássicos. Um 'quiçá' não é simplesmente uma modalidade empírica; há textos terríveis de Hegel sobre o 'quiçá', sobre aqueles que pensam o 'quiçá' e que seriam empiristas. Nietzsche tenta pensar uma modalidade de 'quiçá' que não seja simplesmente empírica. Aquilo que eu disse do possível-impossível, é o 'quiçá'. (...) Essa categoria do 'quiçá', entre possível e impossível, pertence à mesma configuração que a do sintoma e do segredo. O difícil é ajustar um discurso consequente, teórico, a essas modalidades que parecem ser outros tantos desafios ao saber e à teoria" (Derrida, J. e outros, 2001, pp. 102-103).

Sobre a interpretose. "Alguém aparece para interpretar tudo isso. É a interpretância ou a interpretação" (...). "O sacerdote interpretativo, o adivinho, é um dos burocratas do deus-déspota", que surge como novo aspecto da trapaça: a interpretação estende-se ao infinito e nada jamais encontra para interpretar que não seja uma interpretação. Assim, "é totalmente inútil pretender ultrapassar a interpretação, e mesmo a comunicação, pela produção significante, já que é a comunicação da interpretação que serve sempre para reproduzir e para produzir significante" (...). Significância e interpretose, concluem ironicamente, são as duas doenças da terra ou da pele, isto é, do homem, é sua neurose de base. Deleuze e Guattari (1980). *Mille Plateaux: Capitalisme et Schinophrénie*. Paris. Minuit, 1980, pp. 143-144.

CAPÍTULO 5

COMUNICAÇÃO E INCOMUNICAÇÃO
Debate com José Luiz Braga

O fático, a paixão e a comunicação

Quando Marcel acariciava Albertine, quando ele a tinha sobre seus joelhos e sua cabeça sobre suas mãos, ele sentia que manuseava uma pedra que encerrava a salina de oceanos imemoriais; ele percebia que tocava somente o invólucro fechado de uma pessoa,

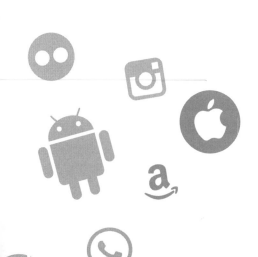

Capítulo 5 | Comunicação e incomunicação

que, como todos nós, era um ser insondável, do qual muito pouco se poderia conhecer. Como ela, somos todos dotados de uma incomunicabilidade de origem. Jamais o outro poderá nos conhecer, e nós, o outro. Não conseguimos sair de nós, dizia Lucrécia, tudo que conhecemos do outro é somente a partir de nós mesmos.

A comunicação, portanto, no sentido de partilhar, de tornar comum, de dividir, de comungar um acontecimento, uma vivência, uma sensação, é um equívoco. Nada pode ser tornado comum. Fatos, sentimentos, emoções, experiências são ocorrências únicas e singulares, pertencem a cada um e à sua história, e qualquer coisa que uma pessoa tenha experimentado, vivenciado e registrado jamais poderá ser conhecida por outra (conhecida no sentido de incorporada da mesma maneira). Cada uma irá vivê-la, senti-la à sua maneira. Nada se passa, nada se repassa. Por isso, comunicação não é transmissão, transferência, deslocamento de nada. Essas definições carregam em si a ideia equivocada de que há um objeto, uma coisa, algo que é movido de um ao outro.

O Outro para nós será sempre um mistério, uma caixa-preta, do qual muito pouco podemos conhecer. Mas é exatamente nessa insondabilidade do Outro, em seu caráter totalmente impenetrável, que há a chance da comunicação. Isso porque enquanto nos mantemos fechados ao Outro, à alteridade que nos provoca o tempo todo, não participamos do mundo, não conhecemos nada, não nos defrontamos com o desafio daquilo que não somos nós. A comunicação, portanto, não tem objeto: eu não comunico "algo" a alguém, a comunicação simplesmente acontece. Um filme *nos comunicou*. Apenas isso. Ponto final. Não há o "que" ele nos comunicou. Não comunicou *algo*, porque, nesse caso, ter-se-ia novamente a materialidade da comunicação, seu caráter metafísico. Comunicação ocorre, geralmente, na forma passiva: eu sou comunicado (mas não no sentido que "sou comunicado de que o Sr. Fulano faleceu", pois, nesse caso, estou sendo apenas *informado*). Apenas sou comunicado . Enquanto emissor, eu emito sinais que podem ou não atingir o outro. São minhas tentativas, minha intenção. Mas, somente *enquanto receptor*, posso efetivamente afirmar que a comunicação ocorreu.

O filme me comunicou, no sentido de que me alterou, provocou-me, incomodou-me, perturbou minha estabilidade de um sistema fechado. No momento em que eu me expus ao Outro, à alteridade radical que ele portava, algo aconteceu nesse encontro que levou ao desarranjo. Trata-se do acontecimento comunicacional.

A vivência cotidiana confunde a mera troca de sinais com comunicação. Ora, as relações fáticas existem apenas para testar o funcionamento do canal, não para comunicar. O pesquisador espanhol Carlos Castilla del Pino diz que quando duas pessoas se encontram, a comunicação se dá por "esferas tangentes", periféricas, que exibem apenas imagens e papéis. Isso é a "comunicação" fática; mas seu conceito de comunicação ainda peca pelo vínculo à definição tradicional do termo, talvez não nas formas de autocomunicação, em que se é interlocutor de si mesmo, mas, seguramente, nos seus exemplos de confidencialidade e comunicação amorosa.

Consideremos os casos de afeto. O amor e a paixão, diferente de Eros, tampouco podem ser vistos como fenômenos de comunicação. Enquanto modalidade de relacionamento afetivo, a paixão demarca uma tensão incontrolável em um, e, às vezes, em ambos os seres, marcada pelo sofrimento e pela violência. Trata-se da aspiração de tornar finito aquilo que é em princípio infinito, a saber, a posse do outro. Enquanto relação dessimétrica, impenetrável, incapturável, mistério, ocupação da interioridade da própria pessoa, da sua autonomia, enquanto uma alteridade à qual o ego se submete e que não será jamais posse sua, o ser por quem se está apaixonado corresponde às atribuições da alteridade radical que permite a comunicação. Ele deixa de ser comunicação quando essa acolhida do outro em nós mesmos já não é tranquila, ao contrário, é desespero, prisão em vez de libertação, quando ego é acometido pelo desejo jamais realizável de captura e posse de alter.

Uma paixão pode serenizar-se na forma de amor. Nesse caso, desaparece a violência e o desespero, cria-se o contrato. Aí, o ego se pacifica, busca a homogeneidade com o alter, que perde sua capacidade de comunicar, o exercício de sua alteridade radical que poderia provocar quebras, rearranjos, alterações. Instala-se uma paz serena, o eu satisfaz-se com o outro, nesse tipo de sociabilidade a dois, em que duas solidões são "refratárias à universalidade" (Levinas).

Eros não é amor, nem paixão. Será sempre infinito em sua indevassabilidade. O atributo do Outro, nessa circunstância, de jamais poder tornar-se meu ou minha o faz provedor permanente da comunicação. Por isso, acreditava Georges Bataille, que nós não nos comunicamos, exceto no erótico. Vimos no cap. 2, que essa proximidade que Eros nos proporciona revela, paradoxalmente, a distância absoluta do Outro. É o próprio Emmanuel Levinas que aponta, na citação desse capítulo, que "o que se apresenta como fracasso da comunicação no amor constitui precisamente a presença dela como outro". O outro enquanto outro não é aqui um "objeto que se torna nosso ou que se torna nós; ao contrário, ele se retira em seu mistério" (Levinas, 1979, p. 78).

Detalhamentos

> *Comunicação: "esferas tangentes"*. "(...) no encontro entre duas pessoas, a comunicação verifica-se pelo modo de esferas tangentes, que contata cada uma em relação a outra pela periferia do ego de cada uma. (...) Os egos dados e obtidos são transcrições fornecidas e adquiridas de imagens e de papéis, mais do que reais demonstrações desses objetos-sujeitos que constituem as pessoas" (Castilla del Pino, 1970, p. 10).

> *As formas possíveis de comunicação utopicamente "ótima" em Castilla Del Pino*. "A confidencialidade, a recíproca interação que converte o íntimo em privado para dois, a comunicação amorosa e, em último caso, a autocomunicação, que para o homem é possível na medida que a reflexividade sobre si mesmo o converte, se quiser, em interlocutor para si mesmo" (Castilla del Pino, 1970, p. 10).

No erótico, a relação com o absolutamente outro: ver detalhamento do cap. 2: pela sexualidade, o sujeito entra em relação com o que é absolutamente outro.

Não nos comunicamos, exceto na sexualidade. "Esse abismo (a descontinuidade) situa-se, por exemplo, entre vocês que me escutam e eu que lhes falo. Tentamos nos comunicar, mas nenhuma comunicação entre nós poderá suprimir uma diferença primeira" (Bataille, 1957, p. 22). "(...) apenas o ser amado pode realizar nesse mundo (...) a plena fusão de dois seres" (Bataille, 1957, p. 33). "A paixão nos repete incessantemente: se você possuísse o ser amado, esse coração que a solidão estrangula formaria um só coração com o ser amado" (Bataille, 1957, pp. 33-34).

A incomunicação

Castilla del Pino defende a tese de que a incomunicação ocorre porque nossas falas e sinais perdem-se no trivial e no frívolo. Afora isso, haveria um amplo setor do homem preenchido pelas coisas que não se fala ou que não se sabe dizer, sugerindo, talvez, a retomada da frase de Wittgenstein, de que sobre aquilo que não se pode dizer, deve-se calar.

Mas, às vezes, as pessoas calam-se porque querem, ou porque isso faz parte do funcionamento de seu psiquismo e isso não é incomunicabilidade. O médico e psicanalista inglês Donald Winnicott diz que num mesmo indivíduo podem coexistir a vontade de comunicar e o desejo de não comunicar. É o caso do artista, diz ele, que pretende sensibilizar o público ao mesmo tempo em que tem a necessidade de não ser decifrado. Ou então, quando o menino escreve em seu diário: "Meu caderno secreto", e que estaria, segundo ele, sugerindo ao outro que o lesse (o meu *Fascinação e miséria da comunicação da cibercultura*, cap. 1a). Haveria, para Winnicott, um "eu verdadeiro", espaço silencioso que se mantém sempre (sadiamente) fechado, jamais "se comunicando", e um setor que busca sinalizar fatos, falas e sentimentos ao mundo.

Winnicott diz também que as pessoas têm necessidade de compartilhar seus assuntos com os outros, mas ficam igualmente, isoladas; cada um está "permanentemente sem se comunicar, permanentemente desconhecido, na realidade nunca encontrado" (Winnicott, 1963, p. 170).

Esse isolamento, que para ele é "normal", é, para Castilla del Pino, algo de problemático. A multidão, diz esse último, vive como se o isolamento não existisse. Trata-se de um viver que é em companhia do outro, mas essa companhia é ilusória, pois, para ele, as pessoas não têm consciência da incomunicação, ficam apenas falando, qualquer coisa, não importando aquilo que ele chama de "relação mais íntima com o outro". A comunicação deles seria essa própria incomunicação estruturada no jocoso, em que nada de sério é tratado, tudo fica no frívolo e no insubstancial.

Para esse estudioso, as pessoas não se comunicam porque temem a comunicação, e esse temor ou essa angústia se deve ao fato de a pessoa ter de se abrir diante do outro. Haveria, portanto, um "dinamismo de defesa" adotado pelas pessoas, uma resistência de cada um para não realizar o efetivo convívio social, para que a presença do outro não pudesse servir para que a pessoa se desarmasse e realizasse efetivamente uma experiência de oxigenação das ideias e dos comportamentos.

É na confidencialidade que Castilla del Pino reivindica a autêntica comunicação. Mas a confidência pode ter efeitos distintos. Quando alguém revela a outro algo de secreto, o efeito pode ser de mero mexerico, bisbilhotice, intriga ou moralismo. Pode ocorrer certo compartilhamento na depreciação de um terceiro, fato esse que contribui apenas para reforçar o próprio moralismo, a cumplicidade dos interlocutores, não para realizar a comunicação. Essa viria talvez não com a confidencialidade, mas com a preservação do Outro em situação não secreta, mas solidária. Eu me renovo, arejo-me, evoluo minhas ideias e minha visão do mundo abrindo-me ao Outro, recebendo dele os *insights* que me fazem pensar.

Outro pensador espanhol, Max Colodro, vincula a incomunicabilidade ao excesso de palavras, à verborragia que se instalou no cotidiano. A incomunicação, ou seja, "a consciência do vazio de referentes por detrás das palavras" teria produzido, como resultado perverso, o excesso de palavras, a saturação informativa. As pessoas, então, estariam "condenadas a falar", falar de tudo e constantemente, pois as palavras seriam a única coisa de sólido a que se agarrar.

A comunicação, para Colodro, reduz-se, assim, ao intercâmbio informativo e isso debilita o vínculo comunicacional, "espaço social em que a legitimidade do *Outro* é premissa da *coparticipação*" (Colodro, 2000, p. 66). Não se sabe se é exatamente isso que acontece. A necessidade de uma densidade nas palavras pode sugerir uma nostalgia do conteúdo, em última instância, um desejo de metafísica. Exatamente por reivindicar o acoplamento de um significado num significante específico que Saussure foi acusado de metafísico.

Detalhamentos

> *Além do trivial, há o setor do que não se fala porque não se sabe ou não se pode dizer.* "A incomunicação – em forma de comunicação parcial ou de comunicação distorcida – compõe o traço característico de nossa atual pauta de conduta. (...) Sob a comunicação do trivial, do frívolo, existe um amplo – o mais amplo – setor do homem do que não se fala porque não se pode ou não se sabe dizer" (Castilla del Pino, 1970, p. 22). *Subentendimento: sob o que falo há muita coisa que não falo, não posso falar.* "Quem escuta aquilo que falo sabe que só posso falar um tanto, deixando outro tanto ou mais sem dizer por não podê-lo (...). Quem me escuta, repito, conta com o fato de que no meu dizer esconde-se muito mais do que já falei. (...) Quem me escuta me subentende, como eu subentendo aquele que me fala. Mediante esse subentendimento, as duas pessoas que tentam comunicar-se *algo* têm consciência da incomunicabilidade *do restante*, e tomam, como suposto, que esse último, de alguma maneira, se intui" (Castilla del Pino, 1970, p. 60).

Capítulo 5 | Comunicação e incomunicação

As pessoas não têm consciência do isolamento. "A verdade é que, na situação dada, a multidão vive *como se* de fato o isolamento não existisse. Não sabe, cada um isolado, nem em que medida está isolado dos demais. Esse ilusório viver em companhia deve-se ao seguinte: não há consciência da incomunicação, ou melhor, não se tem consciência que a incomunicação é sobremaneira parcial, por uma parte, e sobremaneira incorreta" (Castilla del Pino, 1970, pp. 98-99). *O mero falar como ilusão de sociabilidade.* "A consciência da incomunicação leva a consciência (falsa) de que o dito basta para meu estar-com-os-outros. Isso que se chama 'o homem integrado' é precisamente um ente isolado, um autêntico 'indivíduo' em sua indivisibilidade forçada e crê ter conseguido o plus de sua realização com essa individualidade obtida às expensas da amputação de uma relação mais íntima com os outros" (Castilla del Pino, 1970, p. 100).

Incomunicação como comunicação fática: na amizade, há mera jocosidade. "Essa é a razão pelo fato de que o tipo de relação que se verifica na amizade assim concebida, uma amizade que em realidade não comporta a comunicação, suscite sem embargo a satisfação dos sujeitos que a experimentam. Não necessitam de mais comunicação, vivem a incomunicação real como comunicação e isso lhes basta. Se observa-se detidamente esse tipo de relações não comunicadas, se nota que ele baseia-se, no mais das vezes, exclusivamente, na mera jocosidade. Nada se leva a sério, não é possível falar seriamente. A incomunicação real, que, sem embargo, o impede, por não experimentar-se a relação entre dois como fática, só pode dar lugar a um tipo de relação interpessoal frívola, insubstancial" (Castilla del Pino, 1970, pp. 100-101, nota).

Dinamismo de defesa. "(...) do que se trata na cotidianeidade não é que a realidade forneça somente esses dados já sabidos, mas de que o sujeito faz de modo tal *como se* a realidade fosse sempre a mesma. De modo que deve-se imaginá-lo como um processo ativo, como um dinamismo de defesa que o sujeito adota diante da realidade, fazendo dela uma realidade sempre igual" (Castilla del Pino, 1970, pp. 79-80).

Angústia diante da comunicação. "(...) em boa parte, o 'estado' de incomunicação deveria ser colocado em relação, na etapa final do processo que a ele conduz, com o temor derivado da comunicação em si. Esse temor tem seus fundamentos objetivos (...). A comunicação é temível. Por temor à comunicação ou, seu resultante, pelo hábito da incomunicação, o sujeito se acha agora diante da angústia, que a necessidade da comunicação põe diante dele. Na medida em que necessita dela, ela o insta a abrir-se diante do outro como a mais satisfatória forma de fazer-se a definitiva abertura de si mesmo" (Castilla del Pino, 1970, p. 116).

Excesso de palavras como sintoma da incomunicação. "É provável (...) que o excesso de palavras, a saturação de informação que caracteriza as atuais redes de intercâmbio simbólico, seja o resultado de uma crescente incomunicação, da consciência do vazio de referentes por detrás das palavras. O sujeito pareceria nesses tempos condenado a falar, a falar de tudo e constantemente, a ter caído na evidência de que não possui já nada de sólido a que ligar-se salvo às palavras" (Colodro, 2000, p. 66).

Saussure, o metafísico. Jacques Derrida refuta o privilégio a uma única substância, validando, ao contrário, todas as substâncias da mesma maneira. Ele critica o fato de Saussure apelar a um significado transcendental, ou seja, ao fato de haver um ponto final na série de significações, o que não remete mais a nenhum outro significante, mas ultrapassa a própria cadeia de significantes e já não tem mais essa função de significante. Saussure fala das relações "em presença", mas também daquelas "em ausência". Quando consideramos o termo *anma*, ao qual o estudioso atribui os segredos de uma alma falante ou de uma "anima", o vocábulo, construído a partir de uma dupla oposição mental (primeiramente, pela aglutinação horizontal – sintagmática – de quatro letras, em que cada um dos quatro sons opõe-se aos demais, depois pela oposição vertical – paradigmática), sugere que se sai dos meros sons e da mera palavra e se cai numa associação com tudo aquilo que o espírito poder sugerir a esse termo. A espiritualidade, por assim dizer, baixa de algum campo metafísico sobre o signo. O mesmo, aliás, se dá também com Peirce, como visto em PRD, vol. 2, excurso 3, cap. 8m.

Entre a informação e a comunicação: o lúdico-esportivo e a ironia

O processo da comunicação apresentado pela Nova Teoria separa três instâncias da relação entre o ser e o outro: a sinalização, a informação e a comunicação. Considerando que o processo comunicacional ocorre pela ação de dois polos, o emissor e o receptor, constata-se, além disso, uma total heterogeneidade entre eles. Enquanto tudo é emissor, quer dizer, emite sinais (homens, animais, vegetais, edifícios, ambientes, interações, a própria natureza), pois, existir é sinalizar e tudo que existe sinaliza, apenas poucos sinais são considerados pelo receptor. No universo infinito de seres e coisas sinalizantes, o receptor faz uma criteriosa seleção daquilo que quer ver, ouvir, perceber. Ele extrai do universo incalculável de sinais apenas um ou outro sinal que lhe interessa. Todos os seres e coisas sinalizam, em princípio, passivamente, isto é, pelo seu próprio existir. O sinalizar *ativo* subentende, ao contrário, uma vontade de influir, de interferir, de provocar ações no outro. São as estratégias do emissor para chamar atenção, para atrair, para se fazer notar, para fisgar, para interferir, para convencer, para manipular, para conquistar, em suma, para agir sobre o outro. Esse outro, contudo, escolhe o que quer ouvir, ver, perceber, a não ser nos casos em que é *forçado* a ver, ouvir ou perceber, como é o caso da publicidade, das propagandas indiretas, dos apelos, das provocações e similares.

A Nova Teoria da Comunicação diz também que o receptor, uma vez voltado para um sinal, uma vez subtraído de sua indiferença em relação aos sinais do mundo e conduzido para uma percepção específica, pode lhe cair como algo aditivo, complementar, não dissonante, em relação aos seus pensamentos e posicionamentos anteriores. Temos, então, a informação. Aquele sinal me serviu para indicar algo: para me apontar uma rua, para me mostrar um produto, para me sugerir algo sobre uma pessoa, para aumentar meu repertório de dados sobre o mundo, as pessoas, a situação. Informação será sempre algo que soma, que acrescenta, que aumenta o que eu já possuo, que me atualiza. Não é nada que entra em confronto com minhas posições. Diferente é o caso da comunicação, pois ela, de fato, mexe comigo, interfere em minha forma de ver o mundo e as pessoas, faz-me pensar e me transforma.

Mas as pessoas envolvem-se também com o entretenimento que nem informa, nem comunica, apenas distrai. É o caso de um jogo de futebol, de uma partida de cartas, de um exercício de vídeo game, de alguns shows de humor ou de música. São atividades que não nos passam indiferentes, não são meros sinais dos quais simplesmente fazemos uma varredura visual, auditiva, perceptiva. Nós efetivamente nos envolvemos na coisa. Mas é, como vimos no capítulo 2, uma duplicação da realidade, com limitação do tempo. Na simulação do real, o jogo submete-se a regras e não a leis, como a sociedade "real". Ele é inconsequente e a memória que cria não é relevante para a próxima partida, pois, como num campeonato, tudo retorna à estaca zero e o bom jogador ou uma boa equipe é aquela que nesse campeonato – e somente nesse – exerce sua liderança, não importando quão vencedor foi em períodos anteriores.

Temos, portanto, o envolvimento com situações e cenas que podem nos acrescentar dados e elementos para nossa conduta, para nosso agir pessoal, subjetivo ou afetivo, que são as *informações* que colhemos do outro, da imprensa, dos livros, de nossa própria história. Temos o *lúdico-esportivo* que é o envolvimento com situações e cenas que são mero exercício de simulação de confrontos ou competições do mundo do trabalho, da política, da economia, da escolarização, da vida em grupos ou em comunidades, do relacionamento subjetivo ou passional, que, em princípio, não levam a nada, a não ser a um empenho, a um desgaste de energia, a um entusiasmo competitivo e a uma euforia ou a um desgosto, conforme o resultado obtido. Nem por isso essas práticas são menos estimulantes e envolventes. É prazeroso abater um adversário, vibrar com a conquista de pontos, sair vitorioso.

No jogo, pratica-se a inteligência, o domínio e a agilidade lógica, a rapidez do raciocínio, a atenção, o cálculo das jogadas posteriores. Ele funciona como um exercício para agir na vida – na empresa, na administração pública, na universidade – e treina as situações em que se cobra assumir desafios e tomar decisões. Mas não é uma atividade *comunicacional*, pois essa tem como pressuposto (a) a nossa abertura diante do Outro, da alteridade que nos é – e sempre será – estranha, misteriosa, desconhecida; (b) nos fazer pensar, no sentido de nos forçar a pensar *o diferente*, "violentar" nosso pensamento; (c) ser uma relação sensível com o mundo, um *fato estético*; (d) ocorrer de um golpe, realizar uma espécie de mudança de estado não gradual, não progressiva, não esperada; (e) produzir em nós algo novo, que não possuíamos antes; (f) produzir sentido pela sua própria ocorrência.

O jogo não resulta em quebra de valores ou de opiniões, não introduz novos mundos. Ele pode nos forçar a pensar, mas dentro de certo desafio lógico, não nos leva a pensar em fatos e temas que não pensaríamos espontaneamente.

Jogos não são apenas partidas de xadrez, cartas, competições esportivas ou similares. Também na linguagem há jogos, como o definiu Wittgenstein, no sentido de que possuem regras e submetem-se a certos usos. Ou seja, a pragmática na linguagem acaba definindo o sentido de certas expressões, sentido esse que não está colado no termo, como se fosse inalterável e permanente, mas é flexível e oscilante.

A linguística ocupa-se em analisar o significado das palavras, ou seja, inseri-las nos jogos consiste em situá-las nos diversos terrenos de seu uso variável. Na retórica, os participantes dos jogos de linguagem fazem usos muito diferenciados de palavras e expressões, inclusive invertendo o sentido originário que era dado a elas. As regras tornam-se diferentes segundo o jogo de linguagem. Assim como nos jogos em geral, já tratados, também na linguagem as regras são convenções criadas especificamente para esses jogos e legitimam as práticas, funcionam como "leis internas" de cada atividade de jogo.

É o caso de expressões com duplo sentido, como a ironia, exemplo de antífrase, em que se diz o contrário do que se está pensando, ou, como fazia Sócrates, ação de interrogar simulando ignorância. No sentido latino, a ironia socrática é o mesmo que *dissimulatio*, "jogo de fingimentos e ficções, que, sob a aparência de brincadeira, tem uma finalidade mais séria" (Reale, 1995, p. 145). A ironia remete à sátira e à paródia, formas caricaturais de se praticar a comédia. Na retórica, as zombarias, pilherias e galhofas remetem ao sarcasmo, etimologicamente "queimar a carne", como graduação mais picante, cáustica, mordaz, quase cruel. E também ao escárnio, etimologicamente "ferir com os chifres", em que se pratica o desprezo, o desdém, o insulto.

A maioria são formas de humor, etimologicamente associado aos líquidos, posteriormente vinculado ao inglês *humor*, que se referem a atitudes de gozação e riso diante do mundo. Se forem considerados os seis pressupostos da comunicação descritos, humor, riso e ironia, diferentemente dos jogos, podem liberar as censuras racionais que mantêm nosso fechamento diante da alteridade do Outro, de sua imposição a nós e à nossa segurança, e ridicularizar inclusive esse nosso próprio ancoramento em posições rígidas. A ironia tem a possibilidade real de praticar o Outro da língua, quer dizer, por meio dela simula-se a alteridade ausente no jogo de opostos. O duplo sentido, no caso, passa a ser a duplicidade da própria comunicação, em que o sentido original, denotativo, é confrontado com o sentido outro, como alteridade radical que o desafia e provoca sua demolição. O que resulta desse desbloqueio, como as demais formas de transposição da fronteira entre o que eu preservo e mantenho e o que provoca a disrupção, pode ser o retorno do ego à posição anterior, defensiva, ou o início de uma revisão de seus valores e ideias.

É desse modo que Freud vê e analisa o chiste. Diferente das piadas ditas "inócuas", cujo humor está apenas na curiosidade linguística (jogo de palavras, inversões etc.), as ditas "tendenciosas" atuariam como o sonho, para a satisfação de desejos inconscientes mediante a liberação das inibições, tendo assim um "caráter revelador". Sendo algo distinto do fato cômico, que não precisa ser partilhado com ninguém, o chiste caracteriza-se pela necessidade de outra pessoa para ouvi-lo, quer dizer, não há como ele se realizar sozinho, é necessariamente um ato de comunicação. Há o narrador, o ouvinte e a(s) pessoa(s) ou a circunstância da piada.

Se o chiste fala ao inconsciente e libera, como nos sonhos, a censura, então, fatalmente, ele tem, como no cinema, na literatura e nas artes em geral, o formato estético que permite o violentar do pensamento. Não foi outra a intenção de George Orwell ao escrever, em 1945, *A revolução dos bichos,* obra que serviu como forma mais ágil e eficaz de satirizar o regime estalinista e desmascará-lo. Igualmente as produções estéticas e literárias criadas em regimes ditatoriais suplantavam a censura política pelo uso do duplo sentido, associado à ironia.

As microdiferenças e o bombardeamento do novo. Debate com José Luís Braga

José Luís Braga trabalha com uma definição minha de comunicação relativamente antiga, ou melhor, provisória para aquela época, a saber, a do livro *Até que ponto, de fato, nos comunicamos?* (São Paulo, Paulus, 2004). Nesses últimos sete anos, o conceito evoluiu consideravelmente, fato esse testemunhado pelas publicações posteriores, como o verbete "comunicação" no *Dicionário da Comunicação* (Paulus, 2008), a obra *Para entender a comunicação,* de 2008, e a mais recente, *O princípio da razão durante* (Nota Teoria da Comunicação, vol. 3, tomo 5), de 2010.

No livrete comentado por Braga, eu definia comunicação como algo muito raro, ela seria a possibilidade de driblar a proibição de se comunicar imposta pela sociedade da comunicação. Essa tese eu não renego, de maneira alguma, mas amplio, desenvolvendo o sentido já indicado naquela época, de comunicação ser efetivamente interação, *pela qual surge algo verdadeiramente novo* (2004, p. 88). O que foi descartado nos estudos posteriores foi a ideia, ainda relativamente confusa de comunicação, que Braga traduz como "algo que articula, integra, vincula e cria reconhecimento mútuo" (Braga, 2010, p. 69), o que parece ser o mesmo que ele chama de "comunicação-comunhão". Efetivamente não é isso.

Comunicação, segundo a Nova Teoria, não tem nada a ver com comunhão. O equívoco talvez se deva ao argumento trazido naquela obra, no final do comentário sobre as insuficiências de Niklas Luhmann, de que nós fazemos parte da "carne do mundo" (Merleau-Ponty), que o mundo entra em nós e nós nele. Ora, essa alusão ao filósofo francês só tem a ver com sua oposição a Husserl, para quem o processo de construção de sentido – de *expressão*, na linguagem husserliana – era produto exclusivo da minha consciência. Merleau-Ponty corrige Husserl ao transferir essa operação à nossa relação com o mundo. Nossa consciência, enquanto tal, não existe; ela é parte de um conjunto no qual nos dissolvemos, a carne do mundo. Esta afirmação, por seu turno, pode conduzir sub-repticiamente à alusão equivocada de que há, de fato, um "partilhamento" dos conteúdos comunicacionais.

E a comunicação é um processo muito raro porque envolve uma relação qualitativa com o mundo, que supõe minha disponibilidade de receber esse novo, um encontro com a alteridade do Outro, uma experiência efetivamente diferente com aquilo que me acontece. São fenômenos qualitativos, jamais redutíveis à lógica da proporcionalidade ou da fragmentalidade, como sugere Braga, e que comentarei em seguida.

Braga não aceita que não nos comunicamos ou que nos comunicamos muito raramente. Para ele, essa tese é muito ampla e excludente, pois a comunicação "realiza-se probabilisticamente com graus variados de sucesso" (Braga, 2011, p. 6). Quer dizer, há "formas menores" que não devem ser desprezadas. Existiriam, assim, comunicações grandes, médias e pequenas, cujos critérios de mensuração, entretanto, não são expostos muito claramente. Aplicadas a funções estatísticas, isso significaria dizer que índices de comunicabilidade variam de 0 a 1, quando chegam à comunicação máxima.

O problema, a meu ver, está exatamente na fragmentação. O que é, efetivamente, uma comunicação *menor*?

Diz Braga: "*Comunicação* não é só aquela de valor alto, do sucedimento precioso e raro –, mas toda troca, articulação, passagem entre grupos, entre indivíduos, entre setores sociais – frequentemente desencontrada, conflitiva, agregando interesses de todas as ordens; marcada por casualidades que ultrapassam ou ficam aquém das *intenções* (que, aliás, podem ser válidas ou rasteiras)" (Braga, 2010, p. 69). Por aí, também se vê que seu conceito de comunicação ainda é marcado pela "doença infantil" das teorias da comunicação, que, a exemplo do esquema canônico de Shannon, a interpretam como *coisa*. Comunicação como algo que eu passo de mim ao outro, semelhante a um líquido, a matérias, a objetos que eu ponho de um lado de um cano ou de um tubo e que saem pelo outro lado; comunicação como sendo um elemento que extraio da minha cabeça e transfiro à cabeça do outro, enxertando-a lá dentro.

Essa é a concepção metafísica da comunicação, que a vê como presença real, algo "em si", que circula, que corre, que é repassado. Mas a figura da troca é um equívoco: eu não troco nada. O que sai de mim não é o que o outro incorpora; em sua mente *produz-se* algo diferente. Como diz Heinz von Foerster: ela é a "representação interna de um organismo que interage com uma representação interna de outro organismo" (PRD III, tomo 3, p. 50). Tampouco articulação, pois não se pode dizer que minha frase se articule com a sua, ou vice-versa, da mesma maneira como membros são articulados, ligados entre si por encaixes flexíveis, pois aqui também sobrevive a ideia de "coisa atrelada".

Todas essas figuras (troca, articulação, passagem, mas também transmissão) remetem às definições metafísicas, porque calcadas em figuras positivistas da presença, da existência real, da coisa ter de se mostrar para poder ser validada. Nos primeiros textos de comunicação, especialmente na escola empirista, a comunicação teria de ser reduzida a valores mensuráveis. Afinal, o matemático Claude Shannon buscava medir os conteúdos comunicacionais pelo grau de raridade da ocorrência estatística de termos numa transmissão telegráfica. Ele reduzia um fenômeno social humano a unidades matemáticas de medida. Ele conseguia dizer quanto um texto tinha de novidade sem precisar proceder a uma investigação sobre seu conteúdo explícito...

Voltemos aos "graus variados de sucesso". Diz Braga que a comunicação *tentativa* "refere-se mais propriamente ao que a sociedade tenta viabilizar nas suas interações do que ao esforço de atingir objetivos diferenciados pelos participantes. Em cada modo ou processo social, a sociedade gera tentativamente (em modo prático) determinados padrões para seu funcionamento. Tais práticas acabam organizando-se em dispositivos variados, que de algum modo 'modelam' o funcionamento comunicacional que aí ocorre" (Braga, 2011, p. 6).

A tentativa do participante é, para ele, algo relevante de sua tese (Braga, 2010, p. 72). Pelo que se pode depreender, é o fato de o emissor tentar transmitir e o receptor tentar uma interpretação da mensagem de modo coerente com o ponto de partida, na emissão (idem). No caso do receptor, trata-se, mais uma vez, da capacidade de decifrar um código: eu faço minhas tentativas, se eu decifro convenientemente, então, isso significa que eu entendi que a comunicação ocorreu. Persiste aqui um modelo pré-luhmanniano, de Shannon, dos anos de 1950. Não se trata de um formato ambicioso no que se refere à pesquisa da comunicabilidade de nossos atos e palavras, dos grandes meios de comunicação e das formas digitais. A questão é que, sendo técnico, com ele fica-se sempre à margem do que está efetivamente acontecendo.

Para Braga, comunicar, em última instância, é a possibilidade de um emissor transmitir e o receptor entender o que ele está falando.

Capítulo 5 | Comunicação e incomunicação

São tentativas de deciframento adequado. É *C* entendendo pouco e *B* compreendendo um pouco melhor o que *A* pretendia dizer. Ainda não saímos das condições elementares da comunicabilidade humana; continuamos nos primórdios discutindo que termos devemos usar, como sermos mais claros, de que recursos utilizar para que nosso interlocutor entre na mesma linha de sintonia conosco.

E há graus variados de sucesso. É aqui, exatamente aqui, que se instala nossa diferença maior. Para a Nova Teoria não há um sucesso pequeno, médio ou grande. A comunicação ou acontece ou não acontece, geralmente em dimensão discreta e pessoal. O receptor tem de sentir o choque transformador derivado do contato com a alteridade, com aquilo que o atinge, o provoca, o faz pensar, o força a pensar. Caso contrário, nada ocorreu. A comunicação acontece de um golpe: há uma mudança de estado. Trata-se, como dizia Bergson, mais de uma mudança de qualidade do que de grandeza (1888, p. 16). Quando o receptor descarta aquilo que vindo de sua interação com o Outro lhe é inconveniente, nada aconteceu, a coisa não produziu nada, morreu ali. Passa-se ao largo dela, ignora-se. Não somando nada às suas necessidades informativas ela é descartada como todos os demais sinais. E isso se faz constantemente, o tempo todo. Passamos a parte absolutamente majoritária de nossa existência descartando a comunicação, adicionando dados à nossa autoconfirmação. Por isso, os episódios comunicacionais são raros. São, em geral, ocorrências subjetivas, discretas – diferentemente do acontecimento para os filósofos –, mas que, pelo componente disruptivo, o incorpóreo nela instalado nos leva a pensar e a mudar.

A finalização do processo vai ocorrer, na teoria de Braga, com a realização do *sentido*: "Assumimos que interpretação e ajuste reverberam mutuamente – ajustamos o sentido percebido, percebemos o sentido conforme os ajustes possíveis ao nosso repertório" (Braga, 2010, p. 76). Há aqui explicitamente a noção de que o sentido pré-existe, que está lá, que trata-se de percebê-lo, ajustá-lo, considerá-lo. Para Braga, sentido jamais é uma produção, algo que ocorre no próprio acontecimento comunicacional, como coisa surgida dali. Se consideramos o sentido como algo "sempre-já-dado", que nos compete apenas reconhecê-lo, estaremos condenando a comunicação a algo morto, definitivo, absoluto. Estaremos mais uma vez no modo de pensar metafísico.

José Luís Braga está também interessado na previsibilidade da comunicação: "(...) dois ângulos caracterizam a perspectiva de que a comunicação é tentativa. Pelo primeiro ângulo, os episódios comunicacionais são probabilísticos – significando que *alguma coisa relativamente previsível pode acontecer*" (Braga, 2010, p. 70). Ora, a previsão é um cálculo; é a suposição de que algo possa ocorrer, obedecidas certas regularidades e controlados certos fatores interferentes. Toma-se aqui a comunicação como um projeto que pode ser administrado. Se eu aumentar a eficácia de meus procedimentos (minha linguagem, minha forma expressiva, recursos de entendimento etc.), há a probabilidade de eu conseguir melhores resultados futuros ao meu intento. Estamos no campo das previsões, das projeções, da programação. Toda essa engenharia do evento comunicacional só pode ser entendida como um procedimento tecnocrático, da mesma maneira que o são as campanhas publicitárias, os cálculos financeiros, as especulações econômicas e políticas.

Mas, nessa altura, ocorrem-me duas citações do próprio Braga que parecem contradizer o que foi exposto: "O que em um regime seria considerado sucesso pode ser visto, em outro regime, como frustrante" (Braga, 2010, p. 71). "(...) O que significa que deve ser difícil, se não impossível, estabelecer critérios apriorísticos para o *sucesso* na tentativa interacional que é a comunicação" (idem, p. 71). Com efeito, o critério de sucesso marcado pelo fato de o receptor buscar uma interpretação da mensagem de modo coerente com o ponto de partida, na emissão, é um critério questionável, porque não fala nada da comunicação, mas apenas de sua condição prévia de realização. Em outros termos, o sucesso (houve resultados, eu interpretei coerentemente) pode implicar, como ele diz, "frustrações". Não pode haver, de fato, critérios apriorísticos, mas note-se bem, *quantitativamente* apriorísticos, pois esses tenderão fatalmente a conduzir a pesquisa para um modo de pensar calculista, tecnocrático, em última análise, manipulador.

Quando ele fala que "o resultado das interações comunicacionais será talvez tanto mais provável quanto menos modificador das relações sociais e humanas; e tanto menos provável quanto mais modificador" (p. 73), encontramos um terreno comum para sair do paradigma tecnocrático e nos aproximarmos do modelo efetivamente comunicacional. O que significa dizer que uma interação comunicacional é mais e é menos modificadora? Por que motivo essa é mais provável que aquela? Para isso, Braga terá fatalmente de desembocar na *nossa* definição de comunicação.

Para a Nova Teoria, o ocorrência ou não da comunicação tem a ver com a intencionalidade do receptor, ou, melhor ainda, com sua *decisão*. Enquanto eu permanecer isolado ou me isolando do universo em meu redor, nada me atingirá; serei aquele indivíduo do modelo luhmanniano que só percebe o mundo através de sua janela e não se mistura jamais com ele. Esse indivíduo está fechado à comunicação. Ele lê notícias no jornal, adquire livros, conversa com amigos, dialoga em *chats* da internet, mas nada o atinge; seu autoenclausuramento é radical, seu sistema de controle não admite divergências. Tudo para ele são informações, que ele busca e usa como formas de reforço de suas posições, de argumentos que utilizará contra opiniões adversas. A comunicação, ao contrário, é autorização, é permissão, é contato com o diferente, o estranho, o incomum. Aquilo que não sou eu, isso sim pode provocar em mim transformações, alterar meu quadro, permitir que eu me transforme e, assim, demonstre que ainda estou vivo, ao contrário do caso anterior, em que o indivíduo enterra-se vivo em suas próprias convicções e nega a vida.

Pelo fato de sermos, na vida cotidiana, mais defensivos, mais conservadores em nossas posições, pois elas nos tranquilizam, por esse mesmo motivo as interações comunicacionais mais prováveis serão as que menos modificam nossas relações sociais e as menos prováveis, as que efetivamente alteram. Mas são essas últimas que importam, que definem nossa situação de estarmos vivos e não mortos-vivos.

Braga, assim como nossa proposta, advoga que o mesmo conceito de comunicação deva ser possível tanto para as formas interpessoais como as grandes emissões irradiadoras dos meios de massa, assim como as sinalizações da internet. "Podemos então distinguir as tentativas dos participantes e as tentativas sociais que se atualizam a cada episódio interacional – as tentativas do processo" (p. 72). E continua: "Isso significa que não somente a comunicação pode acontecer, mas que efetivamente se faz, em algum ponto entre o total sucesso e o total fracasso, *como resultado de uma ação*, de um trabalho humano e social para produzir alguma coisa que não está inteiramente dada nos pontos isolados prévios a uma interação" (p. 80). Em um ponto "entre o total sucesso e o total fracasso" significa que sobre uma reta, necessariamente de 0 a 1, recaem as possibilidades comunicacionais como valores praticamente numéricos. Não há como não ver nessa construção o modelo de Shannon revisitado, que vê o processo comunicacional com olhos matemáticos e os efeitos como índices mais e menos prováveis.

Em nossa proposta, a grande comunicação social, transmitida "em massa", ocupa um território imaterial que nós denominamos *continuum mediático atmosférico*. É um campo abstrato em que notícias, fatos, acontecimentos reverberam e ganham *status* de *espírito do tempo*. As ocorrências tornam-se o "grande tema social" do momento, na medida em que essas múltiplas inserções (jornais, matérias de televisão, de revistas, blogs da internet, indivíduos, por exemplo) crescem em espiral até se reverterem no grande acontecimento. Mas isso não é o resultado de "uma ação", é um produto cego, derivação de múltiplas intervenções, de reverberações, do interesse que os agentes têm em repercutir. É no coletivo, no produto múltiplo e indeterminado, que elas viram acontecimento social total. Ninguém é responsável por isso, ninguém o provoca quando quer. A coisa simplesmente "acontece" pelo somatório casual, aleatório, de múltiplas intervenções.

Quando Braga fala que isso é resultado de uma ação, de um trabalho humano e social para produzir alguma coisa, sobressai a sugestão de que os homens, de alguma maneira, comandam o processo. E essa ideia é a mesma que está na base da concepção de previsibilidade da comunicação, a que ele se refere na página 79: "No estudo de dispositivos interacionais concretos, um dos ângulos particularmente relevantes de investigação refere-se à percepção de seus processos *para produção de previsibilidade*" (Braga, 2010, p. 79).

Não dá para não ver a proposta de Braga como uma pesquisa em comunicação pensando em sua utilização, em sua operação como intervenção social. Comunicação como instrumento, proposta política, ou, "ação praxiológica", como ele chama, não uma proposta de estudar o fenômeno comunicacional dentro de uma isenção que se imagina necessária. Seu campo de trabalho é a ciência política (ou mesmo, a prática política), não o saber da comunicação. Seu conceito de comunicação foge da investigação *stricto sensu* do que é a comunicação para cair no campo do como melhor operar os equipamentos de comunicação visando um agir instrumental. O espectro do educacionismo político não está longe. Opostamente, e nisso acreditamos nós, o estudo da comunicação propriamente dita, e somente ele, permite a aposta na autonomia.

CAPÍTULO 6

DO QUASE-MÉTODO
Bachelard, Geertz

A fenomenologia prudente e a fruição imprudente

A Nova Teoria da Comunicação interessa-se em pesquisar a comunicação no momento de sua realização. Essa é a particularidade desse saber: a apreensão fenomenológica do fato no tempo específico de sua ocorrência. Esse tempo é uma oportunidade única em que concorrem sincronicamente linhas intencionais que jamais se repetirão ou se encontrarão novamente. Esse procedimento torna o acontecimento comunicacional uma experiência ou uma vivência excepcional e irrepetível. Por isso, não se pode reconstruí-lo; qualquer remontagem será necessariamente uma representação, uma elaboração outra, uma ficção.

O real, já comentava Nietzsche, é obrigatoriamente fluxo, deslocando-se o tempo todo, impossível de ser apanhado (vol. 2, cap. 8). Pois é nesse fluxo que ocorre o fato comunicacional e que atua a pesquisa da comunicação, segundo a Nova Teoria. É um instalar-se naquilo que muda, uma apreensão pela intuição sensível, é a obtenção de um conhecimento adquirido de uma só vez e sem conceitos: "Chama-se intuição a essa espécie de simpatia intelectual pela qual nos transportamos para o interior de um objeto para coincidir com aquilo que nele existe de único e, por consequência, de inexprimível" (Bergson, 1907, pp. 192-193).

Assim, o ser da comunicação é esse *evento-enquanto-ocorrência*, que tem lugar em coordenadas de espaço e tempo próprias, circunstância na qual sente-se que coisas mudaram, consciências se transformaram, modos de ver o mundo sofreram viradas substantivas, que a comunicação, em suma, aconteceu. E a pesquisa comunicacional é exatamente a investigação de como isso nos atinge, de como a coisa repercute em nós, do que sofremos com ela, que alterações vivenciamos. Gaston Bachelard se pergunta – da mesma maneira que nós – como o aparecimento de uma imagem poética pode reagir em outras almas, em outros corações, apesar dos pensamentos sensatos, das barreiras do senso comum.

Ele refere-se aos fatos e coisas que têm em nós ressonância no pensamento e na alma. A divisão entre pensamento e alma é uma trilha que já havia sido iniciada por Klages, que exigia a presença das três categorias: um *corpo*, uma *alma* e algo que os divide, o *pensamento*, introduzido pela filosofia aristotélica, como elemento que detém o tempo e abstrai-se do espaço (cap. 6p-bis do vol. 3, tomo 5, do PRD).

Pois bem, para Bachelard, os fatos emocionais ou racionais nos atingem como ressonância (no pensamento) e como repercussão (na alma). Enquanto os efeitos do primeiro tipo "dispersam-se nos diferentes planos de nossa vida no mundo"; os do segundo levam-nos a um aprofundamento existencial. A repercussão de um poema, por exemplo, nos faz assumir o lugar ou o corpo do poeta. Pela repercussão de uma imagem poética, diz ele, pode-se determinar o despertar da criação na alma do leitor (Bachelard, 1957, p. 7).

Estar presente na imagem no exato minuto em que essa imagem se dá a nós, diz José Américo Motta Pessanha, dispensa um saber prévio. É o defrontar-se com a imagem como algo original, primeiro, sem mediações; uma forma de "beber direto na fonte". Na emergência da imagem, diz Bachelard, "uma alma acusa sua presença" (Pessanha: Bachelard, 1939, p. 30).

Apesar de a imagem atingir tanto o plano do pensamento como o da alma, é nessa última que ela chega primeiro. Para a apreendermos, temos de nos "esquecer" de nosso saber anterior, praticar o "desfilosofar" como condição para a diluição da maturação e das cristalizações do pensamento, para poder "viver os abalos que o ser recebe das imagens novas" (Bachelard, 1957, p. 239). O saber anterior tem de ser afastado porque ele deforma aquilo que vem do ser da imagem.

Apoiado nesse olhar imediato, Gaston Bachelard não pretende o simples observar, a "prudência" de uma apreensão pura e elementar. Ele acredita que o mero olhar, a observação básica do mundo, o assistir atento ao desenvolvimento de uma cena, de um fato, de um acontecimento sejam necessariamente fatos passivos, improdutivos. Ele pensa nos críticos, pessoas que "sufocam as repercussões" de uma obra mas tem-se a impressão que ele refere-se também ao pesquisador, pois, para ele, o mero olhar realiza uma "visão ociosa herdada de Husserl" (Pessanha. In: Bachelard, 1939, p. 21). Ora, a observação do mundo como espetáculo, de Husserl, aplica-se ao trabalho do pesquisador, não àquele que recebe (e vivencia) uma obra estética.

É certo que o observador pode ser também, ao mesmo tempo, o próprio fruidor, nos tipos de estudo metapórico autoanalítico. Mas, nesse caso, ele tem de realizar uma divisão interna entre o eu-observador e o eu-receptor do mesmo fato, olhando para si mesmo como seu objeto de estudo. Sem essa separação, o trabalho do pesquisador não pode se realizar, pois a experiência do sentir o despertar da criação tem de poder ser vista pelo que faz o registro.

De qualquer modo, fruidor e observador são universos totalmente distintos. Quando Bachelard diz que "não devemos ser prudentes", isso se refere àquele que reage com a obra, que interage com ela, não com aquele que se propõe a realizar uma pesquisa fenomenológica, especialmente quando não se usa de fórmulas prontas. É evidente que, em termos estéticos, não basta olhar, é preciso intervir, pois assim realizamos a "dinâmica imediata da imagem" (Bachelard, 1957, p. 3).

A dinâmica imediata da imagem, sugere ele, está em ela promover a ação, criar, "instaurar fenômenos", conforme propõe sua "fenomenotécnica" (Pessanha. In: Bachelard, 1939, p. 11). Um "enfoque estético" significa, então, que a imagem não deva ser apreendida pelo olhar subjetivo como mera representação mental, pois essa "desmaterializa" o objeto ao torná-lo apenas "coisa observada". Ao contrário, trata-se de vê-la como um *acontecimento objetivo*, "evento de linguagem" (para nós: *evento de comunicação*), como *imaginação material*, aquela que recupera o mundo como "provocação concreta", como resistência, que solicita a intervenção ativa e modificadora do homem: criador, artesão, manipulador, obreiro, tanto na ciência como na arte. Em suma, que realiza a comunicação, na nossa terminologia.

Detalhamentos

Sobre a ressonância e a repercussão. "Já que pretende ir tão longe, descer tão fundo (à alma), uma pesquisa fenomenológica sobre a poesia deve ultrapassar, por imposição de métodos, as ressonâncias sentimentais com que, menos ou mais ricamente – quer essa riqueza esteja em nós, quer no poema – recebemos a obra de arte. É nesse ponto que deve ser sensibilizada a alotropia fenomenológica das ressonâncias e da repercussão. As ressonâncias dispersam-se nos diferentes planos da nossa vida no mundo; a repercussão convida-nos a um aprofundamento da nossa própria existência. Na ressonância ouvimos o poema; na repercussão o falamos, ele é nosso. A repercussão opera uma inversão do ser. Parece que o ser do poeta é o nosso ser. A multiplicidade das ressonâncias sai então da unidade do ser da repercussão (...), o poema nos toma por inteiro" (Bachelard, 1957, p. 7).

Imagem: não é preciso um saber prévio. "E o estar presente à imagem no minuto da imagem é que justifica a dispensa de um prévio saber – mediação geralmente deformadora ou mesmo negadora do ser da imagem. Melhor receber a imagem como dádiva, no despojamento de quem se defronta com algo inteiramente original, principial, primeiro – no despojamento e na fruição prazerosa de quem bebe direto na fonte. Pois, 'a imagem, em sua simplicidade, não precisa de um saber. É dádiva de uma consciência ingênua. Em sua expressão, é uma linguagem jovem. O poeta, na novidade de suas imagens, é sempre origem de linguagem' (59). Ao leitor, para receber o benefício dessa 'tonificação da vida' e dessa juventude da palavra poética, cabe a atitude fenomenológica: acolher essa emergência de linguagem onde 'uma alma acusa sua presença'" (Pessanha, J. A. M. [1994]: In: Bachelard, G. [1939], p. 30).

A imagem vem antes do pensamento. "Para bem especificar o que pode ser uma fenomenologia da imagem, para especificar que a imagem vem *antes* do pensamento, seria necessário dizer que a poesia é, mais que uma fenomenologia do espírito, uma fenomenologia da alma" (Bachelard, 1957, p. 2).

É preciso esquecer o saber. "É preciso que o saber seja acompanhado de um igual esquecimento do saber" (Bachelard, 1957, p. 16). *Desfilosofar: dessociologizar.* "A filosofia amadurece-nos com muita rapidez e nos cristaliza num estado de maturidade. Como, então, sem se 'desfilosofar', esperar viver os abalos que o ser recebe das imagens novas, das imagens que são sempre fenômenos da juventude do ser?" (Bachelard, 1957, p. 239).

Contra a "prudência". Como a imagem poética reage em outras almas?

"Fiel a nossos hábitos de filósofo das ciências, tínhamos tentado considerar as imagens fora de qualquer tentativa de interpretação pessoal. (...) Por si só, a atitude 'prudente' não será uma recusa em obedecer a dinâmica imediata da imagem? Tínhamos, aliás, verificado como é difícil libertar-nos dessa 'prudência' (...). Mas esse pequeno drama da cultura, esse drama que se situa no nível simples de uma imagem nova, encerra todo o paradoxo de uma fenomenologia da imaginação: como uma imagem por vezes muito singular pode revelar-se como uma concentração de todo o psiquismo? Como esse acontecimento singular e efêmero, que é o aparecimento de uma imagem poética singular, pode reagir – sem nenhuma preparação – em outras almas, em outros corações, apesar de todas as barreiras do senso comum, de todos os pensamentos sensatos, felizes de sua imobilidade?" (Bachelard, 1957, p. 3).

Fenomenologia da imaginação: estudar quando a imaginação emerge na consciência. "A comunicabilidade de uma imagem singular é um fato de grande significação ontológica. (...) Podemos, decerto, em pesquisas psicológicas, dar atenção aos métodos psicanalíticos para determinar a personalidade de um poeta; podemos encontrar assim a medida das pressões – sobretudo da opressão – que um poeta teve de sofrer no curso de sua vida; mas o ato poético, a imagem repentina, a chama do ser da imaginação, fogem a tais indagações. Para esclarecer filosoficamente o problema da imagem poética, é preciso chegar a uma fenomenologia da imaginação. Esse seria um estudo do fenômeno da imagem poética quando a imaginação emerge na consciência como um produto direto do coração, da alma, do ser do homem tomado em sua atualidade" (Bachelard, 1957, p. 2).

Não é dado gratuito, mas invenção. Fenomenotécnica "instaura fenômenos". "Essa concepção de fenômeno não como um dado gratuito (em que, laicizada, escamoteia-se a doutrina religiosa da graça) –, dado que seria colhido ou pelos sentidos desarmados, ou pela simples e reta razão, ou pelo chamado bom senso –, nem mesmo como kantiana construção, mas fenômeno enquanto invenção, enquanto fruto do artesanato científico, aponta, sem dúvida, na direção do que Jean Hyppolite viu em Bachelard: a expressão de um romantismo da inteligência. Esse romantismo da inteligência baseia-se na imaginação enquanto criadora e sempre voltada para o futuro: (é) o por-vir que está além do "já-pensado" e constitui um dos aspectos fundamentais do nietzscheano além do homem. Imaginação criadora que alimenta uma ciência que é, afinal, a estética da inteligência. Ainda: como Hyppolite também assinala, a fenomenotécnica, que instaura fenômenos, contrapõe-se à fenomenologia, que apenas pretende descobri-los. A fenomenotécnica é mais que desocultação realizada por um olhar fenomenológico atentíssimo: porque *tecné* é também comprometimento do corpo com a concretude das coisas, comprometimento da mão que, manipulando, responde às provocações do mundo. É demiurgia científica" (Pessanha, J. A. M. [1994]: In: Bachelard, G. [1939], p. 11).

Conhecimento não é saber, é apreender. "Substitui o enfoque psicológico-gnosiológico, referente à gênese e à sucessão das etapas do conhecimento, pelo enfoque estético, segundo o qual a imagem é apreendida não como construção subjetiva sensório-intelectual, como representação mental, fantasmática, mas como acontecimento objetivo, integrante de uma imagética, evento de linguagem" (Pessanha, J. A. M. [1994]: In: Bachelard, G. [1939], p. 16).

Contra o vício da ocularidade. "(...) desde os antigos gregos, o pensar é sempre entendido como uma extensão da óptica, a visão exercendo forte hegemonia sobre os demais sentidos. (...) O vício de ocularidade fatalmente coloca toda a questão da imaginação sob o jugo da imaginação formal, ignorando ou menosprezando a imaginação material – aquela que, segundo Bachelard, 'dá vida à causa material' e vincula-se às quatro raízes ou elementos primordiais que Empédocles de Agrigento apontava como as quatro grandes províncias matrizes do cosmos: o ar, a água, a terra, o fogo" (Pessanha, J. A. M. [1994]: In: Bachelard, G. [1939], p. 17).

Imaginação material: intervenção. Contra o homem como "espectador do mundo". "Ou seja, a imaginação formal, que nutre a formalização, resulta de uma operação desmaterializadora, que intencionalmente 'sutiliza' a matéria ao torná-la apenas objeto de visão, ao *vê-la* apenas enquanto figuração, formas e feixes de relações entre formas e grandezas, como uma fantasmática incorpórea, clarificada, mas intangível. E é, na verdade, resultado da postura do homem como mero espectador do mundo, do mundo-teatro, do mundo-espetáculo, do mundo panorama, exposto à contemplação ociosa e passiva. Já a imaginação material recupera o mundo como provocação concreta e como resistência, a solicitar a intervenção ativa e modificadora do homem: do homem-demiurgo, artesão, manipulador, criador, fenomenotécnico, obreiro tanto na ciência quanto na arte" (Pessanha, J. A. M. [1994]: In: Bachelard, G. [1939], p. 18).

Da necessidade de um novo espírito científico

Quando se trata de apreender os efeitos de uma obra estética – a poesia, por exemplo – Bachelard desenvolve ferramentas extraordinárias. Seu objetivo, a apreensão do estético no momento da eclosão da imagem, é exatamente a intenção do metáporo. Da mesma maneira como o é o afastamento de tudo o que não pertence especificamente a ela. Trata-se de manter a "atmosfera de felicidade" que surge quando a acolhemos.

Esse tipo de percepção do estético, já o vimos, é inalcançável para o crítico, pois esse "sufoca as repercussões da obra", pratica uma observação pura e distanciada, não reconhece a comunicabilidade, ou seja, não vê aí um "acontecimento do logos", segundo a expressão de Bachelard. Tampouco o é para o psicólogo ou para o psicanalista, que procuram descrevê-la, compreendê-la ou traduzi-la em outra língua, perdendo, assim, o *logos* poético.

Semelhante também ao conceito de comunicação da Nova Teoria, que rejeita a noção de comunicação ou de informação como dados reais, como fatos mensuráveis, como "coisas", reivindicando, ao contrário, que elas devem ser vistas como *relações*, portanto, como virtualidades, Bachelard recusa que se tome a imagem poética como objeto, coisa ou dado gratuito. Para ele, a força da imagem *cria o ser,* que é o mesmo que dizer que ela se produz no momento, no instante de sua realização, portanto, *na relação*. Assumir a materialidade da comunicação é adotar um ponto de vista metafísico, conforme aponta Niklas Luhmann (cap. 15b, do vol. 2, do PRD). O mesmo fala Bachelard com outras palavras, dizendo que a admissão de imagem poética como "coisa" escamoteia a doutrina religiosa da graça (Pessanha: Bachelard, 1939, p. 11).

Gaston Bachelard recusa, além disso, a pesquisa da causalidade, da mesma maneira como procede a Nova Teoria. Para ele, simplesmente, transmite-se a imagem poética "de uma alma a outra" (Bachelard, 1957, p. 8). O ato falho do "transmite-se" pode sugerir aqui uma recaída dele na tal da "doutrina da graça", pois, efetivamente, não se pode *transmitir* nada, no máximo pode-se provocar no outro algum sentimento ou a irrupção de uma emoção nova. De qualquer modo, concordamos com Bachelard de que não se deve ir atrás das causalidades do efeito estético: ele simplesmente acontece. Como diz o psiquiatra Wilfried Bion, a coisa não é tão simples, não se pode buscar relações de causa e efeito na mente humana, já que ela opera por processos não lineares, de complexidade crescente.

Essas recomendações sugerem uma nova forma de se estudar o fenômeno estético e criam procedimentos que buscam pesquisar a fundo os efeitos provocados pela comunicação em seus fruidores. Não obstante, é o próprio Bachelard que não reconhece validade nesses procedimentos quando comparados à "objetividade científica". Apesar de ter criticado, em *Psicanálise do fogo,* o "velho espírito científico", que, segundo ele, nunca é jovem, ao contrário, é muito velho, arraigado em rotinas mentais seculares, com a idade de seus preconceitos, apesar de ter proposto com a "filosofia do não", com seus saltos, revoluções e cortes epistemológicos, mesmo assim, nessa mesma obra, o filósofo francês polemiza com Bergson e ainda vê com desconfiança os dados imediatos da consciência. Esses podem servir ao poeta, diz ele, mas jamais ao cientista. Os eixos da poesia e da ciência são "invertidos" e uma antipatia prévia entre eles seria uma "sã precaução".

Segundo ele, formamos convicções que têm "aparência" de um saber, mas sua fonte é "impura", pois a evidência primeira não é uma verdade fundamental. A "objetividade científica" só se obtém se rompermos com o objeto imediato. Essa objetividade deve contradizer os pensamentos oriundos da primeira observação, do olhar instantâneo: "toda objetividade, devidamente verificada, desmente o contato com o objeto". O espírito poético é expansivo, enquanto que o científico deve permanecer taciturno.

Exemplo disso é o termômetro, diz ele, objeto que demonstra o divórcio entre um conhecimento sensível e um conhecimento científico: nós não sentimos a temperatura do outro, nós lemos no termômetro.

Ora, mas a leitura é um índice, um valor numérico, a indicação de um estado, não o próprio estado, dificilmente traduzível na linguagem codificada. Uma coisa é a minha sensação interior, meu mal-estar derivado de uma doença, uma debilidade, uma paixão; outra, muito diferente, é a mensuração de minha pulsação, de minha fraqueza física. Essas mensurações são indicadores, sinais de meu corpo; nada revelam da minha alma. Para isso, eu necessito aperfeiçoar meu instrumental *comunicacional,* não subordiná-lo à autoridade de um instrumento técnico.

Uma teoria da comunicação não é uma teoria científica *stricto sensu*, visto que essas aplicam-se majoritariamente aos fenômenos exatos, naturais e biológicos, que, mesmo assim, estão sujeitos a erros, revisões, rupturas radicais de paradigmas. A confiança na cientificidade da ciência está sendo há muito questionada. Não é a teoria que deve confirmar se aquilo que lemos é o que efetivamente sentimos (Bachelard, 1940, p. 7), mas o que sentimos é que deve servir para elaborar uma teoria de nossa própria recepção dos fatos estéticos e comunicacionais.

Aparentemente, Bachelard suspeita disso, pois propôs com seu "surracionalismo" que a sensibilidade e a razão possam um dia recuperar, juntas, "sua fluidez" e realizariam a turbulência e a agressividade de um corte epistemológico. Mas ele não dá esse passo. Ele está consciente de que a experiência estética mexe com a pessoa e provoca nela reações transformadoras, mas não quer confiar nos dados imediatos da consciência, teme os efeitos da constatação inicial, para ele, provisória, sujeita a correções e aprimoramentos posteriores para poder ser chamada de "científica".

Detalhamentos

> *A apreensão poética é "no momento".* "Bachelard aventura-se no novo rumo, ousando sempre e cada vez mais apreender o poético no instante mesmo da eclosão da imagem. A imagem é captada tão somente nela própria, no que tem de absolutamente irredutível a qualquer outra instância. O que importa é seu aparecer instantâneo, imagem enquanto imagem, imagem não mais que imagem, cintilação de linguagem. Acolhê-la assim é acolhê-la numa atmosfera de felicidade, como palavra feliz que ilumina o solitário instante da criação e da doação do poético" (Pessanha, J. A. M. [1994]: In: Bachelard, G. [1939], p. 32).

Capítulo 6 | Do quase-método

Imagem não é coisa; a imaginação é a afirmação do humano. "Reivindicando a liberdade criadora, Bachelard reabilita a imaginação. Próximo da fenomenologia e da psicanálise, ele rejeita uma concepção 'coisista' da imagem. (...) Contra Bergson, Bachelard defende a força da linguagem que cria o ser. Se o imaginário pode ser criador da realidade, se ele nos 'abre a uma nova via' não seria porque a imaginação exprime, antes de qualquer separação, a afirmação do ser humano na natureza?" (Clément, 2000, p. 45).

Não é uma pesquisa de causalidade. "Ao receber uma imagem poética nova, sentimos seu valor de intersubjetividade. Sabemos que a repetiremos para comunicar o nosso entusiasmo. Considerada na transmissão de uma alma para outra, uma imagem poética foge às pesquisas de causalidade" (Bachelard, 1957, p. 8). *Buscar causas da poesia fora da poesia.* "A ruptura com a psicanálise consuma-se em La poétique de l'espace. E é ruptura com a psicanálise porque é ruptura com todas as explicações psicológicas que buscam causas para as imagens poéticas fora das próprias imagens poéticas, causas que são o passado dessas imagens, outro em relação a elas mesmas, em que elas se reduziriam explicativamente, anulando-se em sua especificidade" (Pessanha, J. A. M. [1994]: In: Bachelard, G. [1939], p. 28). *Não ir em busca de explicações psicológicas.* "As causas alegadas pelo psicólogo e pelo psicanalista não podem jamais explicar bem o caráter realmente inesperado da imagem nova, como também não explicam a adesão que ela suscita numa alma estranha ao processo de sua criação" (Pessanha, J. A. M. [1994]: In: Bachelard, G. [1939], pp. 29-30).

Sobre os processos mentais complexos. "(...) A mente humana não opera por meio de relações de causa e efeito, mas de *processos não lineares*, de *complexidade* crescente, cuja observação requer ampliação do campo e, por consequência, a criação de um modelo de funcionamento mental para atender as novas descobertas" (Chuster, 2009, p. 44, sobre o texto de Bion, "Uma teoria do pensar", de 1962).

122

Chegar ao espírito novo. "Seu intuito não é apenas mostrar como se constrói o espírito científico novo; pretende, ao mesmo tempo, ensinar como a ele se chega, vencendo-se obstáculos, rompendo-se as amarras que nos prendem à não ciência ou ao velho espírito científico, arraigado a seculares rotinas mentais" (Pessanha, J. A. M. [1994]: In: Bachelard, G. [1939], p. 12). *Linguagem da ciência: reduto de arcaísmos.* "A linguagem da ciência é um campo minado, uma teia de armadilhas e engodos a serem evitados ou desfeitos, reduto onde se escondem, disfarçados, elementos de arcaicas e obsoletas mentalidades" (Idem).

A "filosofia do não". "Para ele, a história das ideias não se faz por evolução ou continuísmo. Mas por meio de rupturas, revoluções, 'cortes epistemológicos'" (Pessanha. In: Bachelard, 1940, p. 6).

Bachelard: a opinião é um obstáculo à construção da ciência. "Às vezes, nos maravilhamos diante de um objeto eleito: acumulamos hipóteses e sonhos (*rêveries*): formamos assim convicções que têm a aparência de um saber. Mas a fonte inicial é impura: a evidência primeira não é uma verdade fundamental. De fato, a objetividade científica só é possível se já rompemos com o objeto imediato, se lhe for recusada a sedução da primeira escolha, se ela foi detida, e contradiz os pensamentos que nascem da primeira observação. Toda objetividade, devidamente verificada, desmente o primeiro contato com o objeto. Ela tem, de início, que criticar tudo: a sensação, o senso comum, a própria prática mais constante, a etimologia, enfim, pois o verbo que é feito para cantar e seduzir raramente encontra o pensamento. (...) Os eixos da poesia e da ciência são, por princípio, invertidos. Tudo que pode esperar a filosofia é de tornar a poesia e a ciência complementares, de uni-las como dois contrários bem adaptados. É preciso, portanto, opor ao espírito poético expansivo o espírito científico taciturno para o qual uma antipatia prévia é uma sã precaução" (Bachelard, 1941, pp. 9-10). Bachelard, G. (1949), "*Avant Propos*".

A razão tem de ser turbulenta: surracionalismo. "Ele prega a necessidade de uma nova razão, dotada de liberdade análoga à que o surrealismo instaurou na criação artística. Descreve o que entende por esse *surracionalismo:* 'É preciso restituir à razão humana sua função de turbulência e de agressividade. Assim é que se contribuirá para a fundação de um surracionalismo, que multiplicará as oportunidades de pensar. Quando esse surracionalismo houver encontrado sua doutrina, poderá ser posto em relação com o surrealismo, pois a sensibilidade e a razão terão recuperado, juntas, sua fluidez' " (Pessanha. In: Bachelard, 1940, p. 10).

Bachelard ou Bergson? Ficamos com os dois?

Bachelard recupera a fenomenologia, a *sua* fenomenologia. Sua crítica ao saber instituído por Husserl não é a mesma de Claude Romano, que refuta a tese de Husserl de a consciência sair de si mesma e doar sentido ao objeto, propondo, ao contrário, que o fenômeno, ele próprio, é quem institui o sentido (cap. 4). Mais além da fenomenologia clássica, Bachelard propõe a fenomenotécnica, que instaura fenômenos em vez de apenas descobri-los. Ela não é apenas "um olhar", mas uma intervenção, como vimos atrás.

Dois são os eixos propostos por Bachelard para se estudar os efeitos da obra estética sobre o fruidor: a ressonância e a repercussão, uma atuando sobre o espírito ou pensamento, interferindo em nossa vida no mundo, outra mexendo com a alma, investindo na "profundidade" psíquica, levando a um aprofundamento existencial e a um despertar da criação no leitor. De qualquer modo, a ação estética é sempre vertical, direta e aí instala-se seu conflito com Bergson. Vejamos um pouco mais de perto essa dualidade.

Bergson propõe diversas figuras epistemológicas que foram posteriormente recuperadas pela Nova Teoria, inclusive pela via deleuziana.

Em primeiro lugar, pode-se dizer que, mesmo sem mencioná-la, a ideia do incorpóreo já estava presente nele. É caso de um diálogo que ele empreende com um interlocutor, em que, de repente, a conversa é suspensa e quando retornam ao tema os dois constatam que houve *in absentia* uma confluência de raciocínios. Ele acha que "uma causa desconhecida", alguma influência (física?), teria levado a isso.

Em segundo lugar, Bergson fala da evolução de um sentimento, uma emoção, o que sugere uma proximidade à temporalidade metapórica, uma noção de temporalidade estendida marcada por picos de êxtase: a partir de certo momento e pela insistência das provocações, há uma mudança de qualidade, a realização da comunicação (cap. 13b, vol. 3, tomo 5, do PRD). Em Bergson, o desejo vai tornando-se uma paixão, vai penetrando em elementos psíquicos crescentes, os tinge com sua própria cor. Há uma *duração interna*, fatos da consciência encaixam-se uns nos outros, ocorrendo aí um enriquecimento gradual do eu (Bachelard não concorda com essa "duração interna", fato que trataremos mais à frente).

Em terceiro lugar, Bergson aponta, como Bachelard, que comunicação é antes de tudo um fato estético, é a criação de outro sentido, que se altera também com o tempo. Na comunicação, como na estética, a censura se retrai, "nada interrompe o livre impulso da sensibilidade". Ela funciona como o sonho, diz ele, que afrouxando o jogo das forças orgânicas modifica a superfície da comunicação entre o eu e o exterior.

O conflito entre Bachelard e Bergson está no conceito de duração. Bergson institui um tempo estruturante, uma hierarquia de ritmos e tensões. A duração é, ao mesmo tempo, três coisas: continuidade, indivisibilidade e mudança. A continuidade é o oposto do tempo homogêneo do relógio, fracionado em momentos iguais; a indivisibilidade é a negação da mensurabilidade e constitui um todo, sendo que cada momento nele é função da totalidade do passado; por fim, a mudança, que diz que a duração jamais é idêntica a si mesma. A imprevisibilidade da duração constitui o que Bergson chama de liberdade.

Capítulo 6 | Do quase-método

A compreensão da duração se dá pela vida interior, a da consciência: são os pensamentos, os estados de alma, e ela é de essência espiritual (Clément, 2000, p. 49). Da mesma maneira que Husserl, para ele o tempo presente tem de juntar passado e futuro, porque, de outro modo, ele seria eternidade.

Bachelard acha que o conceito bergsoniano de duração estilhaça, despedaça os momentos da fruição. O conceito possui uma causa sensível, ele opera com uma sequência, e carregaria em si o passado que seria envolvido no presente. Contra isso, Bachelard propõe a prática do "ir direto à imagem estética", ao instante de sua potência. Mas, enquanto Bachelard está falando do momento da apreensão estética que deve acontecer de um só golpe, de imediato, no instante feliz de sua provocação, de sua ação, Bergson está falando de uma vivência densa, dotada de uma multiplicidade própria, carregada, em que a pessoa se coloca no ato, nesse interpenetrar-se de mudanças qualitativas que fundem-se numa experiência única e irrepetível.

Efetivamente não há estilhaçamento em Bergson, nada é despedaçado. Há mais densidade dessa experiência do que no instante mágico da fruição bachelardiana. É que Bachelard isola esse momento mágico, como nós ao falarmos da "virada qualitativa" provocada pela comunicação. A temporalidade metapórica prevê as duas formas: uma emoção instantânea que impacta, cria sentido e reorganiza a vivência que a segue, e uma emoção diferida, retardada, que vem após a insistência de provocações e bombardeamentos.

De fato, há uma mudança de qualidade e há um *timing* dessa mudança. Ela ocorre nesse momento e não em outro. Aí ocorreu a virada. Para Bachelard, só há a primeira, estética, no ato de entrarmos em contato com a imagem poética (ou cinematográfica, ou imagética). O que acontece depois são repercussões na alma. Para Bergson, ocorre a sucessão de mudanças que vão levar a um crescimento e, por fim, à virada, criando outro sentido. O metáporo incorpora e justifica, sem prejuízo para sua lógica, ambos por meio da aceitação de a comunicação poder ocorrer ora num impacto inicial que altera, na sequência, as vivências posteriores, ora na forma contrária, realizada mediante uma sequência de fatos que vão transformando um pensamento até chegarem a uma virada qualitativa e decisiva.

Detalhamentos

Fenomenologia: reconstitui a subjetividade da imagem, mede a forma da transubjetividade. "Só a fenomenologia – isto é, a consideração do *início da imagem* numa consciência individual – pode ajudar-nos a reconstituir a subjetividade das imagens e a medir a amplitude, a força, o sentido da transubjetividade da imagem". "(...) pede-se ao leitor de poemas que não encare a imagem como um objeto, muito menos como um substituto do objeto, mas que capte sua realidade específica" (Bachelard, 1957, pp. 3-4).

Exuberância-ressonância e profundidade-repercussão. "A exuberância e a profundidade de um poema são sempre fenômenos do par ressonância-repercussão. É como se, com sua exuberância, o poema reanimasse profundezas em nosso ser. Para perceber a ação psicológica de um poema, teremos, pois, de seguir dois eixos de análise fenomenológica: um que leva às exuberâncias do espírito, outro que conduz às profundezas da alma" (Bachelard, 1957, p. 7). *A poesia ergue-se em nós. Primeiro, atingem-se as profundezas.* "Por essa repercussão, indo *imediatamente* além de toda psicologia ou psicanálise, sentimos um poder poético erguer-se ingenuamente em nós. É depois da repercussão que podemos experimentar ressonâncias, repercussões sentimentais, recordações do nosso passado. Mas a imagem atingiu as profundezas antes de emocionar a superfície. E isso é verdade numa simples experiência de leitura. Essa imagem que a leitura do poema nos oferece torna-se realmente nossa. Enraiza-se em nós mesmos" (Bachelard, 1957, p. 7).

Diálogo interrompido, incorpóreo atuou, diálogo retomado e as ideias eram semelhantes. "Permita-se nos referir aqui a uma observação pessoal. Aconteceu-nos, ao retomarmos uma conversa interrompida durante alguns instantes, aperceber-nos de que pensávamos ao mesmo tempo o nosso interlocutor e eu, em algum novo objeto. – Dir-se-á que cada um de nós prosseguiu, por seu lado, o desenvolvimento natural da ideia em que ficara interrompida a conversa; a mesma série de associações formou-se de uma e de outra parte. (...) Que concluir daí, senão que a ideia comum deriva de uma causa desconhecida – talvez alguma influência física – e que, para legitimar sua aparição, suscitou uma série de antecedentes que as explicam, que parecem ser a sua causa, sendo, contudo, o seu efeito?" (Bergson, 1888, pp. 110-111).

Comunicação: a coisa vai crescendo internamente. "Um desejo obscuro torna-se pouco a pouco uma paixão profunda. Vocês verão que a fraca intensidade desde desejo consistia, primeiro, no fato de parecer isolado a vocês e como que estranho a todo o restante da vida interna de vocês. Mas, pouco a pouco, penetrou num maior número de elementos psíquicos, tingindo-os, por assim dizer, com a sua própria cor; e eis que o ponto de vista de vocês sobre o conjunto das coisas parece agora a vocês ter mudado" (Bergson, 1888, p. 15). *Há um enriquecimento gradual do eu.* "(...) a duração interna, percepcionada pela consciência, confunde-se com o encaixar de fatos da consciência uns nos outros, com o enriquecimento gradual do eu" (Bergson, 1888, p. 7).

Comunicação: antes de qualquer outra coisa, um fator estético. "Os sentimentos estéticos proporcionam-nos exemplos mais impressionantes da intervenção progressiva de elementos novos, visíveis na emoção fundamental, e que parecem aumentar-lhes a grandeza embora se limitem a modificar-lhes a natureza" (Bergson, 1888, p. 17). *Comunicação e criação de outro sentido.* "Quando se diz que um objeto ocupa um grande espaço na alma, ou até que a ocupa totalmente, apenas deve-se entender com isso que a sua imagem modificou o matiz de mil percepções ou recordações, e que nesse sentido os penetra, apesar de não se deixar ver" (Bergson, 1888, p. 16). *O sentido das mesmas coisas também muda com o tempo.* "Parece que os objetos, continuamente por mim percepcionados e aperfeiçoando-se incessantemente em meu espírito, acabam por imitar algo na minha existência consciente; como eu, também, eles viveram, e como eu envelheceram" (Bergson, 1888, pp. 90-91). "(...) Esse sabor, aquele perfume, agradaram-me quando criança, e hoje repugnam-me" (Bergson, 1888, p. 91).

Comunicação: a censura retrai-se. "Assim, na música, o ritmo e o compasso suspendem a circulação normal de nossas sensações e ideias fazendo oscilar a nossa atenção entre pontos fixos, e apoderam-se de nós com tal força que a imitação, ainda que infinitamente discreta, de uma voz que geme, bastará para nos encher de uma extrema tristeza" (Bergson, 1888, p. 19). "(...) visto que a nossa faculdade de perceber encontra-se abalada por essa espécie de harmonia, nada interrompe o livre impulso da sensibilidade, que apenas aguarda o desaparecimento do obstáculo para se emocionar simpaticamente" (Bergson, 1888, p. 20).

Sonho: censuras abolidas. "O sonho coloca-nos precisamente nessas condições: porque o sono, ao afrouxar o jogo das funções orgânicas, modifica sobretudo a superfície de comunicação entre o eu e as coisas exteriores. Não medimos já, pois, a duração, mas sentimo-la; de quantidade retorna ao estado de qualidade; a apreciação matemática do tempo decorrido já não se verifica; mas é substituída por um instinto confuso, capaz, como os instintos, de cometer erros grosseiros e de, por vezes, também proceder com extrema segurança" (Bergson, 1888, pp. 88-89).

Bachelard contra Bergson: a poesia e o instante, nada que possa ser retalhado. "Meditando-se nessa via, chega-se subitamente à conclusão: *toda moralidade é instantânea.* O imperativo categórico da moralidade nada tem a fazer com a duração. Não conserva qualquer causa sensível, não espera qualquer consequência. Vai direto, verticalmente, no tempo das formas e das pessoas. O poeta é então o guia natural do metafísico que quer compreender todas as potências de ligações instantâneas, o ímpeto do sacrifício, sem se deixar dividir pela grosseira dualidade filosófica de sujeito e objeto, sem se deixar prender pelo dualismo do egoísmo e do dever, o poeta anima uma dialética mais sutil. Revela, ao mesmo tempo, no mesmo instante, a solidariedade da forma e da pessoa. Prova que a forma é uma pessoa e que a pessoa é uma forma. A poesia torna-se, assim, um instante da causa formal, um instante da potência pessoal. Ela se desinteressa então por tudo que despedaça e que dissolve, por uma duração que dispersa ecos. Busca o instante. Necessita apenas do instante. Cria o instante. Fora do instante há somente prosa e canção. No tempo vertical de um instante imobilizado é que a poesia encontra seu dinamismo específico. Existe um dinamismo puro da poesia pura. Aquele que se desenvolve verticalmente no tempo das formas e das pessoas" (Pessanha, J. A. M. [1994]: In: Bachelard, G. [1939], p. 219).

Duração em Bergson. Em *matéria e memória* "não há um ritmo único na duração: pode-se imaginar ritmos diferentes que, mais lentos ou mais rápidos, mediriam o grau de tensão ou de relaxamento das consciências e, por aí, fixariam seus lugares respectivos nas séries dos seres" (Delaunay, 2000, p. 481).

Constituição de sentido e temporalidade metapórica. "Mas a verdade é que cada acréscimo de excitação organiza-se com as excitações precedentes, e que o conjunto produz em nós o efeito de uma frase musical que estaria sempre prestes a acabar e se modificaria, na sua totalidade, pela adição de alguma nova nota" (Bergson, 1888, p. 76).

Bion e Wittgenstein

Da mesma maneira que Bachelard, Bergson fala em "dois níveis" ou dois planos da pesquisa fenomenológica. Há, de início, para Bergson, uma forma superficial de tocar o mundo. É o exterior falando por nós e, de certo modo, nos conduzindo, uma espécie de *man*, o genérico da impessoalidade de Heidegger, da falta de opinião própria, da ideia nietzscheana de rebanho. Mas, à medida que penetramos mais profundamente em nossa consciência, continua ele, o caráter simbólico da representação vai tornando-se mais impressionante. Aí ocorrem as paixões, os sentimentos, as deliberações, as decisões. Nossa dimensão impessoal é nítida, precisa, linguística, mas a dimensão pessoal é confusa, móvel, inexprimível. A linguagem atua no primeiro plano, imobilizando. Para Bergson, ela imobiliza porque encobre as impressões delicadas e fugitivas de nossa consciência individual. A educação, segundo ele, seria mais eficiente se impregnasse nossa alma, pois é dela que emana a decisão livre. Agir livremente, retomar a posse de si mesmo, em suma, a autonomia se constrói a partir da duração.

Os fatos da consciência somam-se uns aos outros formando uma espécie de massa ou contínuo complexo. O mais simples dessa sequência, da mesma maneira que a mônada leibniziana, pode refletir a alma inteira. Nada aqui é homogêneo, espacializado, "igual". O que Bergson chama de duração pura é a sequência de mudanças qualitativas que misturam-se umas às outras, constituindo, como notas de uma melodia, algo diferente de cada nota individualmente. De fato, para ele, os diferentes momentos não são independentes, pois isso os tornaria, novamente, homogêneos.

Bachelard e Bergson nos fazem pensar no psiquiatra inglês Wilfred Bion. Para Bion, há quatro planos na constituição do sentido. Em primeiro e independentemente do indivíduo, há os pensamentos que nos circundam, os "pensamentos à espera de que alguém os pense". São as *pré-concepções*. Diante delas, nossas ideias, o movimento de nosso pensamento, constitui aquilo que ele chama de *concepção*. Essas concepções podem desdobrar-se, fertilizar outras ideias caso mantenham o vínculo com as pré-concepções, ou seja, caso elas permitam que pré-concepções tornem-se efetivos pensamentos. Esse jogo entre ambas chama-se *realização* e tem uma pré-condição: a da abertura. Só abrindo-me às pré-concepções evitarei cair nas armadilhas do narcisismo, que me fecha em meu mundo inviabilizando minha expansão, meu desenvolvimento, minha deiscência.

Para ocorrer a realização, é preciso que exerçamos a reflexão. Eu tenho que poder *pensar* em minhas crenças para ter condições de avançar em meus pensamentos. Mas Bion propõe algo mais ambicioso do que o simples pensar: o pensamento deve poder também avaliar para que se chegue ao terceiro estágio, o de aprender. A autonomia, a saber, a possibilidade de viver melhor e conviver com a diferença, só se realiza com a capacidade do aprendizado, diz ele.

A chance da "realização" em Bion, portanto, necessita da abertura, da quebra do universo narcísico. É um pré-requisito colocado também pela Nova Teoria no cap. 10f, do vol. 3, "Abertura e fechamento". É preciso haver uma vontade de abertura, desejo de comunicação.

A comunicação realiza-se mais plenamente por meio dos caminhos estéticos. É a nossa tese. É também o caso, para Bion, da cura psicanalítica, cuja veracidade obtém-se mais pela apreensão estética do que pelo olhar científico. É o que se verifica, da mesma maneira, para ele, na aprendizagem, em que o ser interage com a mente. Na linguagem do psiquiatra, o aprender está no ato de questionar o inconsciente por meio de uma *experiência emocional* (Chuster, 2009, p. 43, grifo nosso). Já vimos isso com Bergson, para quem a educação é mais eficiente se ela conseguir impregnar a alma. Os conceitos de autonomia de ambos estão muito próximos.

Por fim, Bion concorda com Bergson também no sentido de atribuir à linguagem um papel "cristalizador", algo que codifica, mas que também imobiliza. Como diz Junqueira Filho, citando Wittgenstein, "o Eu filosófico não é o homem, o corpo humano, a alma humana de que trata a psicologia, mas o sujeito metafísico", para quem nada pode ser *dito* pelas proposições da linguagem (Junqueira Filho, 2009, p. 58).

Detalhamentos

Nível superficial, homogêneo; nível profundo, heterogêneo. "Numa palavra, o nosso eu toca no mundo exterior superficialmente; as nossas sensações sucessivas, embora apoiando-se umas nas outras, conservam algo da exterioridade recíproca que caracteriza objetivamente as suas causas; e é por isso que a nossa vida psicológica superficial desenrola-se num meio homogêneo sem que esse modo de representação nos custe um grande esforço. Mas o caráter simbólico da representação torna-se cada vez mais impressionante à medida que penetramos mais nas profundezas da consciência: o eu interior, o que sente e se apaixona, o que delibera e se decide, é uma força cujos estados e modificações penetram-se intimamente, e sofrem uma alteração profunda quando os separamos uns dos outros para os desenrolar no espaço" (Bergson, 1888, p. 88).

Percepções: o nível nítido-impessoal e o nível confuso-inexprimível. "(...) as palavras, as nossas percepções, sensações, emoções e ideias apresentam-se sob um duplo aspecto: um nítido, preciso, mas impessoal; o outro confuso, infinitamente móvel, e inexprimível, porque a linguagem não o pode captar sem lhe fixar a mobilidade, nem adaptar à sua forma banal sem o fazer descer ao domínio comum" (Bergson, 1888, p. 90).

Educação: eficaz de vincular-se à alma inteira. "(...) a educação mais autoritária nada supriria de nossa liberdade se ela nos comunicasse apenas ideias e sentimentos capazes de impregnar a alma inteira. Com efeito, é da alma inteira que emana a decisão livre; e o ato será tanto mais livre quanto mais a série dinâmica a que se religa tender para se identificar com o eu fundamental" (Bergson, 1888, p. 117).

A autonomia: agir livremente, retomar a posse de si, situar-se na duração. "A maior parte do tempo, vivemos exteriormente a nós mesmos, não percepcionamos do nosso eu senão o seu fantasma descolorido, sombra que a pura duração projeta no espaço homogêneo. A nossa existência desenrola-se, portanto, mais no espaço do que no tempo: vivemos mais para o mundo exterior do que para nós; falamos mais do que pensamos; 'somos agidos' mais do que agimos. Agir livremente é retomar a posse de si, é situar-se na pura duração" (Bergson, 1888, p. 159).

A linguagem imobiliza, encobre impressões delicadas. "A influência da linguagem sobre a sensação é mais profunda do que normalmente pode-se pensar. Não só a linguagem nos leva a acreditar na invariabilidade das nossas sensações, mas induzir-nos-á a um erro, por vezes, quanto ao caráter da sensação experimentada" (Bergson, 1888, pp. 91-92). "(...) Em síntese, a palavra com contornos bem definidos, a palavra em bruto, que armazena o que há de estável, de comum e, por conseguinte, de impessoal nas impressões da humanidade, esmaga ou, pelo menos, encobre as impressões delicadas e fugitivas da nossa consciência individual" (Bergson, 1888, p. 92). "(...) Eis-nos, pois, perante a sombra de nós mesmos: julgamos ter analisado o nosso sentimento, mas, na verdade, substituimo-lo por uma justaposição de estados inertes, traduzíveis por palavras, e que constituem cada um o elemento comum, consequentemente o resíduo impessoal, das impressões experimentadas em determinado caso pela sociedade inteira" (Bergson, 1888, pp. 92-93).

Fatos da consciência se interpenetram. "(...) os fatos da consciência, ainda que sucessivos, penetram-se, e no mais simples deles pode refletir-se a alma inteira. Seria, portanto, oportuno interrogar-nos se o tempo, concebido sob a forma de um meio homogêneo, não seria um conceito bastardo, em razão da intrusão de uma ideia de espaço no domínio da consciência pura" (Bergson, 1888, p. 71). "(...) não é senão o fantasma do espaço assediando a consciência reflexa" (Bergson, 1888, p. 72).

Interpenetração sem contornos. "Em síntese, a pura duração poderia até não ser mais do que uma sucessão de mudanças qualitativas que fundem-se, que se penetram, sem contornos precisos, sem qualquer tendência para se exteriorizarem relativamente uns aos outros, sem qualquer parentesco com o número: seria pura heterogeneidade" (Bergson, 1888, p. 75).

Contra Bachelard: a imagem é também a imagem precedente. "Finalmente, se conservar, juntamente com a imagem da oscilação presente, a lembrança da oscilação que a precedia, acontecerá das duas uma: ou justaporei as duas imagens, e recaímos então na primeira hipótese; ou percepcioná-las-ei uma na outra, penetrando-se e organizando-se entre si como notas de uma melodia (...)" (Bergson, 1888, p. 75).

Os momentos não são independentes. "Daí a ideia errada de uma duração interna homogênea, análoga ao espaço, cujos momentos idênticos se seguiriam, sem se interpenetrarem (Bergson, 1888, p. 78). (...) fora de toda a representação simbólica, o tempo nunca adquirirá para a nossa consciência o aspecto de um meio homogêneo, em que os termos de uma sucessão exteriorizam-se relativamente uns aos outros" (Bergson, 1888, p. 87).

Bion: abertura é "social-ismo"; fechamento é narcisismo. "As *concepções* (...) são os pensamentos em geral, aptos a gerar novos pensamentos caso guardem o valor de *pré-concepção* em seu interior, o que ocorrerá se a *realização* estiver expressando-se na polaridade de abertura de sentido, que é a polaridade *social-ismo*. Caso os pensamentos caminhem no sentido do narcisismo, as concepções perdem a capacidade de funcionar como pré-concepção; estabelece-se o fechamento de sentido, e alcançamos a existência de concepções estéreis" (Chuster, 2009, p. 46). (*Pré-concepção* é o "pensamento sem pensador", movimento da mente humana na direção do futuro; pensamentos pré-existentes aguardando ser pensados por um pensador. *Realização* é a transformação de pré-concepções em pensamentos).

Os quatro níveis: crer, pensar, aprender e criar. "O *espectro narcisismo – social-ismo* pode ser visualizado por ser um corte sagital imaginário, revelando quatro níveis vivenciais. Em um primeiro nível, o mais primitivo de todos, estão as *crenças* em geral (todos os pensamentos que inicialmente chegam à mente adquirem esse formato). Se a 'concepção-crença' mantiver o valor de pré-concepção, existirá a possibilidade de o trabalho entrar no segundo nível de experiência, que é *pensar* a crença. Se ele conseguir pensar, estará pronto a *aprender da experiência*, e, se estiver apto a aprender, poderá criar algo que o impulsionará em direção à sua *autonomia social* – capacidade de viver melhor e conviver com as diferenças constituintes das sociedades humanas" (Chuster, 2009, p. 46).

Insight *verdadeiro: menos ciência do que estética.* "(...) Bion, no livro *Transformações* (1965), nos oferece uma alternativa inovadora (à *talking cure*), sugerindo que a veracidade de um *insight* depende menos da evidência científica que de uma apreensão estética" (Junqueira Filho, 2009, p. 55).

CAPÍTULO 7

DESAFIOS METAPÓRICOS: A CONSTRUÇÃO DO RELATO

O relato proustiano

No cap. 13e do vol. 3 de PRD, consta que o grande desafio em *O princípio da razão durante*, no que se refere à pesquisa, é a *capacidade narrativa do estudioso*, sua habilidade em transportar para o registro não apenas o acontecimento como também tudo que o envolveu, material e imaterialmente, tentando repassar para o leitor a força, o ânimo, a vitalidade, em suma, *a vida* do

Capítulo 7 | Desafios metapóricos: a construção do relato

evento comunicacional. Nesse caso, a grande inovação é a inclusão da dinâmica no procedimento de pesquisa, fazendo que a atividade do estudioso torne-se ágil, pontual, sincrônica com o acontecimento. Mas como redigir diferentemente?

Na discussão sobre a teoria do acontecimento, cap. 10j dessa mesma obra, são dados alguns indícios para a elaboração da narrativa metapórica. De certo modo, ela toma emprestado da literatura o princípio de que se precisa elevar fatos banais ao sublime, pois cores, cheiros, sensações, quando evocados por ela nos fazem cheirar um "novo ar". Em verdade, Proust, autor dessa frase e comentado nesse capítulo, está falando aí da capacidade da literatura não apenas de evocar, mas de "reevocar" essas sensações. O ar é o ar do passado e os poetas tentaram sem sucesso fazê-lo reinar no paraíso. Ele já havia sido respirado antes, tinha sido nosso *paraíso*: "os verdadeiros paraísos são os que perdemos" (Proust, 1913-1927, p. 2265). Trata-se, portanto, de renová-lo por meio da escrita. Não obstante, Proust permanece nessa nostalgia de recuperação de um tempo passado. Essa não é a parte que nos interessa.

No mesmo lugar, Proust pergunta se, apropriando-se de fatos banais, a literatura não acaba tornando grande aquilo que, de fato, é medíocre. Sim, seguramente, acredita ele. O objetivo, de fato, é capturar nos fatos simples indícios do "sublime", daquela "superfície metafísica", de que falava Gilles Deleuze. Uma mesma batalha pode ser comentada por jornalistas, escritores, filósofos, sociólogos, economistas, por quem quer que seja. Independentemente deles, ela sobrevive às representações. Ou seja, na linguagem de Deleuze, ela *contraefetua* sobre as descrições múltiplas, estando indiferente e sobrevivendo a esses relatos.

Mas há relatos e relatos. Proust separa os relatos dos jornalistas, em que o profissional não transcende os fatos, permanecendo no protesto por justiça, moral, práticas essas "carentes de genialidade, de instinto", do artista, que "ouve seus instintos", que põe à vista o inefável, que revela a verdade que o jornalismo encobre:

"O copeiro não podia admitir que os comunicados (do jornal) não fossem excelentes. Leem-se os jornais como se ama, com uma venda nos olhos. Ouvem-se as doces expressões do redator-chefe como as de uma amante" (Proust, 1927, pp. 53-54). A arte, ao contrário, realiza aquilo que, segundo Proust, a comunicação não consegue realizar (o sentido que ele dá à comunicação aparentemente é o da *informação*). Vê-se que Proust não considera que entre a literatura e o jornalismo há um campo limítrofe, terreno ambíguo e oscilante, que é o da reportagem, potencialmente capaz de dar conta dessa exigência de ouvir os instintos.

É preciso escrever, diz ele, apesar de o "grande livro sonhado" jamais poder ser terminado. Trata-se de um "livro interior" de signos desconhecidos que "jazem em nosso inconsciente", complementa ele, e a verdadeira arte não passa da "tradução do livro de signos do mundo e de nós mesmos", ou, como havia dito, de pôr à vista o inefável. É que os signos não falam pela linguagem verbal, expressa, aberta; eles o fazem por meio dos atos, das coisas, das cenas, da atmosfera. Nessa evocação de cores, cheiros, sensações, interessa mais o "como" do que o "que". Trata-se da *impressão*, que Proust atribui como o único critério de verdade na literatura, diferente da pesquisa, cujo critério, para ele, é a experimentação: o trabalho de inteligência vem antes; no escritor, vem depois (Proust, 1913-1927, pp. 2272-2273).

Mas não há só essa "pesquisa", a investigação baseada no experimento, que remete ao empirismo. Há um estudo da comunicação que não é posterior nem anterior ao acontecimento comunicacional, mas que procede por meio da observação, do acompanhamento, da vivência junto, em que realiza-se aquilo que o escritor propôs como "a lenta revelação dos personagens", o acompanhamento de um acontecer em seu desdobramento, em sua realização.

Assim, tomando por base a literatura, apoiando-se na descrição de fatos simples e triviais, pode-se atingir o sublime, o inefável, por meio das descrições de procedimentos, ações, comportamentos, em suma, dos "como" as coisas se desenvolveram.

Detalhamentos

O jornalismo encobre, a arte revela. "A arte (oposta ao jornalismo) revela-nos uma realidade que evitamos" (Proust, 1927, p. 172). "O artista tende a se aproximar de uma pátria desconhecida (pátria interior, da qual se tem lembranças). Ele põe à vista o inefável. Aquilo que a comunicação não pode transmitir, pois fica-se no limite das frases" (Proust, 1923b, p. 238). "Só pela arte podemos sair de nós mesmos, saber o que vê outrem de seu universo que não é o nosso, cujas paisagens nos seriam tão estranhas como as que porventura existem na Lua. Graças à arte, em vez de contemplar um só mundo, o nosso, vemo-lo multiplicar-se, e dispomos de tantos mundos quantos artistas originais existem, mais diversos entre si do que os que rolam no infinito" (*Tempo redescoberto*, p. 142, citação de Deleuze, 1970, p. 42).

Palavras não são nada. "Eu seguira em minha vida uma marcha inversa à dos povos, que não se servem da escrita fonética senão depois de só terem considerado os caracteres como uma sequência de símbolos: eu, que durante tantos anos não buscara a vida e o pensamento reais das pessoas senão no enunciado direto que deles me forneciam elas voluntariamente, chegara, por culpa delas, a, pelo contrário, só dar importância aos testemunhos que não são uma expressão racional e analítica da verdade; as mesmas palavras só me elucidavam sob a condição de serem interpretadas como um afluxo de sangue às faces de uma pessoa que se perturba, ou ainda como um silêncio súbito" (*A prisioneira*, p. 70, citado em: Deleuze, 1970, p. 105). "Importa mais o 'como' do que o 'que' é dito" (Proust, 1923a, p. 468); "Escapavam-me o que as criaturas contavam, pois não me interessava o que diziam, mas o modo pelo qual diziam" (Proust, 1927, p. 28).

A comunicação está fora das evidências: está "no ar". "O que podem os Goncourt entender a respeito do casal Verdurin ou de Cottard? Nada, se nos atermos ao pastiche da *Recherche*. Eles relatam e analisam o que foi *expressamente* dito, mas passam ao largo dos signos mais evidentes, signo da burrice de Cottard, mímica e símbolos grotescos da Sra. Verdurin. A arte popular e proletária caracteriza-se por considerar os operários uns imbecis. É decepcionante, por natureza, uma literatura que interpreta signos relacionando-os com objetos designáveis (observação e descrição), que se cerca de garantias pseudo-objetivas do testemunho e da comunicação (conversa, pesquisa), que confunde o sentido com significações inteligíveis, explícita, formuladas (grandes temas)" (Deleuze, 1970, p. 33).

Revelação lenta dos personagens. "Proust procede, com seus principais heróis, Swann, Odette, Saint-Loup, a duquesa de Guermantes ou Charlus a um desvelamento demorado (*différé*). Eles são inicialmente percebidos com suas máscaras (a 'cem máscaras', diz em *O tempo redescoberto*), que ele abaixa progressivamente. Há uma revelação lenta, como se diria em fotografia, o tempo sendo o principal revelador" (Gros, 1981, p. 39).

A desmontagem das referências

Um relato metapórico de pesquisa no estilo de reportagem supõe um texto subjetivo, criativo, em que se descreve um acontecimento comunicacional em seus pormenores. A historiografia faz algo semelhante ao relatar cenas e acontecimentos passados a partir de documentos, depoimentos e fontes várias. Mas ela se reporta a algo já ocorrido, faz vínculos explicativos, propõe-se a compreender o acontecido, estando aí sua grande fragilidade. A arqueologia traz à superfície seus achados e os expõe; ela simplesmente apresenta tudo aquilo que foi localizado, descoberto, trazido à luz. Quando cria uma narrativa em torno do provavelmente acontecido, ela se aproxima da historiografia, em que o pesquisador tinge os objetos descobertos com seu próprio verniz explicativo. Não obstante, tanto em um caso como em outro, as explicações, que são traduções humanas, aos fatos se sucedem, vão se substituindo com o tempo, tornando caducas as explicações

Capítulo 7 | Desafios metapóricos: a construção do relato

anteriores, num contínuo ciclo de substituições. Elas estarão sempre à margem do acontecimento "em estado bruto", que as contraefetua.

A diferença do fato comunicacional para o fato histórico ou arqueológico é que ele não trabalha com o passado, mas detém-se no presente e tampouco transcende para projeções futuras. O fenômeno da comunicação é descrito na sua ocorrência pontual, daí não incorrer nos equívocos das leituras explicativas do passado nem nas projeções necessariamente parciais e provisórias do futuro.

O relato pode fazer conexões, aproximações, paralelismos no âmbito do objeto observado, mas não lhe cabe extrapolar para explicações, justificativas, relações de causa-efeito e outros procedimentos especulativos. O sentido é criado na hora pelo próprio acontecimento, no momento de sua realização (como visto no cap. 4). Quando se fala que ao se realizar *tudo muda,* o olhar do estudioso de comunicação apreende simplesmente essa mudança.

O relato metapórico, dessa maneira, aproxima-se da produção literária, na qual se tenta atingir certa qualidade estética e artística do texto, necessária para que o leitor faça uma imersão plena na realidade que está sendo descrita. Descreve-se uma cena, apresentam-se os "achados", esses ficam disponibilizados, tornados públicos, dispostos como numa instalação estética que aspira ter a capacidade de retraduzir por meios linguísticos diversos um contexto para todo aquele que não esteve lá. A preocupação é fazer o leitor sentir junto, na genuína acepção do termo alemão *sich einfühlen*, sentir a coisa por dentro.

Rosane Preciosa discute a narrativa no trabalho acadêmico e teórico em seu *Rumores discretos da subjetividade*. O livro se propõe a questionar o estilo acadêmico clássico e sua autora, segundo o comentador, Luiz B. Orlandi, leva as ideias a fluírem e o faz, nas próprias palavras dela, "numa conversa infinita e invisível com o barulho paradoxal da vida" (Preciosa, 2010). É sua forma de *narrar*.

Preciosa opta abertamente pelo texto fragmentado como modo de "desatolar a subjetividade". Esse texto leva, diz ela, a uma ruptura com um ego arrogante, com a ideia de que a vida nos reserva um propósito, cabendo a nós desvencilhá-lo, com o pacto e com o instituído. No texto, ela busca desfazer um campo pronto de referências "afixado na alma". É um trabalho de desmontagem que integra organicamente a própria estrutura do relato. A algo semelhante chega a Anméris Maroni, quando fala do "prazer de escrever belamente".

O fato de se supor que a vida tenha algum propósito nos leva de volta à discussão do "sentido da vida", já desenvolvida no cap. 3. De outro ângulo, ele guarda uma relação com a metafísica da presença, comentada e desdobrada por Luís Claudio Figueiredo. Segundo esse autor, a fuga da metafísica da presença (que será discutida em seguida) estaria em certos textos biográficos e memorialísticos que contam histórias de vida que rompem com a sucessão linear, unidirecional e necessária dos momentos. Como o olhar-míssil de Waly Salomão.

Rosane Preciosa o cita dizendo que o poema, por exemplo, "dispara um olhar-míssil contra a lógica racional", lógica essa que nos estabiliza no mundo. O míssil corre por uma pista nos lançando, nós, seus passageiros, no vertiginoso horizonte da mutabilidade das formas, fazendo implodir a vida endógena que levamos. "A partir daí nada mais se comporta de maneira razoável, previsível. É como se assistíssemos a um filme falado numa língua estranha, sem legendas. O chão racha sob nossos pés e um enorme desespero se apodera de nós. Dos escombros nascemos outro. Aliás, não mais cessaremos de nascer" (Preciosa, 2010, pp. 30-31). O poema nos dá um tranco, diz ela, suscitando algo indisciplinado, intransigente, nos expondo a correntes de ar que não nos deixam mais em paz.

O evento que ela descreve é, ele mesmo, um acontecimento comunicacional, mas quem o realiza é a escrita, o poema. A intenção do relato metapórico não é, ele próprio, tornar-se um acontecimento comunicacional, mas descrevê-lo. Ora, nada impede, no entrecruzamento desse anel de Moebius de Escher, que a descrição da pesquisa crie, ela também, comunicação.

Detalhamentos

Não há propósito a ser desvendado; desatolar a subjetividade. "Escrever para se desintoxicar, sucatear ideias, muitas vezes entrar numa fria e malograr. (...) para abandonar o hábito de ser. Para escorchar a pele e com ela confeccionar um manto de memórias editáveis. Para azucrinar o ego e seu pegajoso cortejo de arrogâncias. Para desaprender a reprovar a vida, essa nossa insistente mania de desqualificá-la. Para se desvencilhar da ideia de que a vida nos reserva um propósito, e cabe a cada um de nós desvendá-la. Para aprender a rugir para o que é pesado e instituído. Para desatolar a subjetividade das formas acabadas. Para ser pega em 'flagrante delito de fabular' " (Preciosa, 2010, p. 21).

Texto fragmentado. "Que espécie de segurança pode oferecer um texto fracionado, aos pedaços, que insiste em ir ao encontro do que é episódico, descontínuo, dissipatório, efervescente, quase informe?" (Preciosa, 2010, p. 23).

Pensar como forma de se desalinhar: desmontar campo de referências. "Pensar não é se alinhar com o que já se conhece. É justamente o contrário disso. Movido por uma espécie de força forasteira, que não se interessa em refletir sobre a vida, mas agregar-lhe algo mais, pensa-se o impensável. Isso exige de nós piruetas mortais e quase nunca podemos contar com uma cama elástica que ampare as quedas. Despenca-se, fraturam-se os ossos. Não é nada fácil desmontar um campo pronto de referências afixado na alma" (Preciosa, 2010, p. 28). "(...) Inicia-se então uma operação de desmanche das formas-padrão em que nos escoramos" (Preciosa, 2010, p. 28).

Sobre o prazer de escrever belamente. "O envolvimento dos meus alunos com as suas pesquisas – de fato, com suas perguntas-sem--respostas – é incomparavelmente maior do que quando não uso o método. Esse envolvimento transforma-se no prazer de escrever belamente, no prazer da autoria, na imensa alegria de ter uma pergunta própria e na confiança dos caminhos (método) que então abrem-se; esses caminhos selados pela emoção têm a marca da verdade" (Maroni, 2008, p. 53).

Figueiredo e a demolição da metafísica da presença: textos biográficos. "De certa maneira e intuitivamente, os melhores textos biográficos e memorialísticos conseguem, ao menos, reconhecer os problemas: é preciso contar a história de uma vida sem dar a impressão de que se está diante de uma sucessão linear, unidirecional e necessária de momentos, cada um deles sendo tomado como um simples plenamente significativo 'agora' disponível para a percepção e/ou para uma rememoração plenamente significativa" (Figueiredo, 2002, p. 6).

O poema dispara um "olhar míssil" contra a lógica racional. Dos escombros nascemos outro. "O olhar míssil (Waly Salomão) disparado pelo poema abate a lógica racional a que nos agarramos na tentativa de estabilizar nossa relação com o mundo. E a pista por onde ele corre é pista de decolagem, que nos lança no horizonte vertiginoso da mutabilidade das formas. Desabamos. E a vida endógena que levamos vai pelos ares. A partir daí nada mais se comporta de modo razoável, previsível. É como se assistíssemos a um filme falado numa língua estranha, sem legendas. O chão racha sob nossos pés e um enorme desespero se apodera de nós. Dos escombros nascemos outro. Aliás, não mais cessaremos de nascer" (Preciosa, 2010, pp. 30-31).

Poema: o incorpóreo que não nos deixa mais em paz. "O poema e sua música nos dão um poderoso tranco. Desinvestem de qualquer ambição de um destino olímpico, atomizado, funcional, suscita outro, oblíquo, coletivo, curvo, irregular, indisciplinado, intransigente. Ele nos expõe a correntes de ar que não vão mais nos deixar em paz" (Preciosa, 2010, p. 85).

Capítulo 7 | Desafios metapóricos: a construção do relato

Relato e metafísica da presença

O problema da historiografia talvez não esteja apenas no fato de ela se reportar a algo já ocorrido, fazer vínculos explicativos, propor-se a compreender o acontecido. Figueiredo questiona, mais além, as buscas historiográficas que vão atrás de um passado original. Aí estaria embutida uma metafísica da presença, a mesma que mitifica o futuro (veja-se, por exemplo, os grandes metarrelatos: cristianismo, hegelianismo, marxismo).

Da maneira como o descreve Figueiredo, a metafísica da presença ocuparia-se em tornar acessíveis e atuais, mediante representações, a saber, mediante sistemas conceituais teóricos, as "presenças ausentes". Por meio dessas representações, tudo retorna, assim como o que ainda não foi plenamente, mas que retornará necessariamente. Novamente um tempo linear, unidirecional, previsível. É o sentido do tempo como linha, travessia, "sentido", visto no cap. 3.

E com essa caracterização caem por terra, igualmente, todas as proposições de retorno do "autêntico", tão familiares tanto nas construções teóricas e ideológicas do folclore, da arte e da cultura popular, da ideologia do turismo, como no movimento da contracultura e na cultura do narcisismo. A busca de uma experiência autêntica ou sua restauração, o tema da autenticidade sempre ameaçada de corrupção remete igualmente, na opinião de Figueiredo, à metafísica da presença. Trata-se da coincidência do si consigo mesmo, diz ele, uma autoconsciência sem mediações, dispersões ou restos.

No primeiro capítulo deste livro é retomada a discussão entre diferença e repetição que havia sido desenvolvida no livro *Fascinação e miséria da comunicação na cibercultura*. Nele indicou-se que Hegel, por exemplo, só dava ênfase ao idêntico, não permitindo outro modo de ver a coisa. A diferença, para ele, era uma dimensão que permanecia aprisionada à própria coisa. Heidegger não aceita a identidade, recusa-se a operar com ela, mas, apesar disso, não dedica nenhuma importância ao outro. A diferença, nesse caso, não remetendo à alteridade, é intrínseca à postura existencial do homem no mundo. Miroslav Milovic vai ainda mais além. Para ele, há lugares privilegiados também em Heidegger, quando esse pensa a autenticidade do ser. A diferença, nesse caso, seria uma diferença reificada que especificaria lugares para a aparição do autêntico. Nisso se denunciaria a metafísica da presença, agora no filósofo de Messkirch. Somente Jacques Derrida escaparia dessa metafísica da subjetividade por meio de sua proposta de desconstrução.

A ideia principal é a de que se deve preservar o vazio, vazio que é continuamente objeto de assaltos – do cristianismo, do hegelianismo, do capitalismo, que buscam preenchê-lo, inseri-lo num tempo linear. Preencher o vazio é estabelecer uma nova identidade, conforme Derrida. Para todos os sistemas universalizantes, a diferença é uma ameaça, trata-se de neutralizar a alteridade. No cinema, as experimentações cinestésicas que "cortam o olho" seriam uma forma de não trazer à tona o passado, de não cair na metafísica do presente, como diz Shaviro, mas a ausência dele. Segundo a leitura de Tadeu Capistrano, esse "contato a distância" estabelecido pela imagem cinematográfica destruiria os processos de identificação e objetificação, desnaturalizando as percepções.

A ação que vai contra a metafísica da presença, portanto, supõe a preservação da alteridade, daquilo que é diferente e que não se coaduna com a identidade. Alteridade é esse "lugar vazio", sempre vago, das "presenças ausentes" jamais ocupado pelos projetos e discursos totalizantes.

Mas Figueiredo rejeita igualmente as possibilidades da intuição, vinculando, também ela, à metafísica da presença. Para ele, não há forma de se intuir o presente – projeto da fenomenologia – sem mediação. O presente, diz ele, constitui-se como algo diferente de si mesmo, quer dizer, ele não tem nada em seu interior, ele é obrigatoriamente mediado. Tudo o que o constitui, em realidade o atravessa. É a "cadeia de vestígios, resistências e remissões", diz ele, que "significam, ressignificam e destituem de significação". Assim, conclui ele, o "agora" é atravessado por um duplo: pelo vazio dos irrepresentáveis e pelos signos estruturados, inexistindo um sentido próprio, interno. Dessa maneira, "se a consciência reflexiva não assegura a coincidência de uma presença consigo mesma, é necessário também reconhecer que nenhuma intuição imediata da vida, nenhuma percepção, nenhuma empatia ou revivência realiza a proeza de garantir a presença a si da presença" (Figueiredo, 2002, p. 7).

Mas Rosane Preciosa atribui exatamente à intuição essa capacidade de invenção. Vimos, no cap. 1, que Jacques Derrida falava da língua como alteridade: ela própria é a alteridade, possuindo qualquer coisa de inabitável, de inóspita. E também, no cap. 4, quando diz, que "(...) o acontecimento, enquanto acontecimento, enquanto surpresa absoluta, deve cair sobre mim. Por quê? Porque se não cai em cima quer dizer que eu o vejo vir, que há um horizonte de espera" (Derrida, J. e outros, 2001, p. 95). Ou seja, a intuição corresponde a esse aparecimento do inesperado, fonte para o novo. O fato de o presente "não possuir interior" não significa que ele não possa ter a capacidade de dar espaço ao inesperado, que vem com a intuição. Os signos, diz Preciosa, formam essa "floresta que murcha diante de nosso comodismo". Só sobra, então, pelo esquema de Figueiredo, o "vazio dos irrepresentáveis", que, talvez por cair fora do campo da linguagem, desacredita na intuição e na percepção como algo "fundante".

Mas é exatamente isso. Além do universo dos signos há o campo das vivências não simbolizáveis. São os "outros territórios" que Preciosa cita, que reativam "potências do afeto, do instinto, da intuição" que, mesmo que discretas, desacreditadas, "vibram clandestinamente em nós" (Preciosa, 2010, p. 81). Essa vibração transcende a língua, ela é vivência pura, jogo de sensações que sugere, propõe, lança possibilidades no ar. Figueiredo rejeita o agora *significativo,* que supõe um preenchimento da presença, em sua interioridade, mas não descarta essa agora atravessada por vazios. Vazio é uma categoria dos estoicos. Como o espaço, a temporalidade, o exprimível trata-se de um incorpóreo. O incorpóreo anima os corpos, lhes atribui vida. O vazio dos estoicos parece estar próximo ao vazio de Derrida. Mas, enquanto incorporeidade tem o mesmo estatuto da intuição e da percepção, transcendendo o campo do habitável e do hospitaleiro é essa fonte da contínua mudança do ser.

Detalhamentos

Historiografia: a mitificação das origens. "(...) Seria essa a função de retorno às origens, tal como pensadas nas narrativas míticas, retorno promovido pelos rituais e pelas festas que assinalam e instituem a ciclicidade do tempo nas 'civilizações fechadas'. Mesmo fora do pensamento mítico, porém, uma historiografia que conceba o trabalho do historiador (ou do biógrafo) como a busca de um passado original que dê conta do 'presente', 'passado' do qual o 'presente' possa ser extraído, compartilha os mesmos pressupostos da 'metafísica da presença' em qualquer das suas versões" (Figueiredo, 2002, p. 3).

Nos metarrelatos, a mitificação do futuro. "(...) as ressonâncias cristãs e hegelianas naquele marxismo otimista e progressista, que tanto marcaram os estudos sociais e históricos do século 20, vieram a se constituir em um dos mais fortes bastiões da velha e da nova 'metafísica da presença' no pensamento contemporâneo" (Figueiredo, 2002, p. 4).

Narrativas históricas: o retorno das presenças. "De acordo com a 'metafísica da presença', caberia às ciências – em particular às ciências da modernidade – tomar as 'presenças-ausentes' acessíveis e atuais mediante as representações, vale dizer, os sistemas conceituais teóricos: as representações trariam de volta à presença – nas narrativas históricas 'científicas' (reconstrutivas) – o que já foi ('já era'); de outro lado e principalmente, as representações atrairiam à nossa presença – pelo cálculo – tanto o que necessariamente já foi como o que ainda não é plenamente, mas virá necessariamente a ser daqui a pouco. Todas essas operações, representacionais, rememorativas ou antecipadoras, têm como pressuposto a 'metafísica da presença' e uma de suas consequências: a concepção do tempo como linear, contínuo, unidirecional, recuperável e previsível" (Figueiredo, 2002, p. 4).

A busca da experiência autêntica. "Em todos os romantismos e pré-romantismos (a começar por Rousseau, como o demonstram as análises magistrais de Derrida na Gramatologia, [1967] 1973) se procura, para além do 'representacional' – do multifacetado sentido de 'representações' conceituais, 'representações' políticas e 'representações' de si – uma experiência 'autêntica' de 'vivência' e de restauração do 'vivido', uma 'autenticidade' sempre ameaçada de corrupção. Ora, o que continua comandando todas essas operações de renegação das mediações representacionais em prol de um *i-mediato* 'retorno ao vivido' é a velha 'metafísica da presença' e seus pressupostos: basicamente a crença no 'agora' plenamente significativo e anterior ao tempo como passagem, trânsito, diferenciação" (Figueiredo, 2002, p. 5).

Cultura popular, contracultura, cultura do narcisismo. "Não é preciso, creio eu, assinalar como uma boa parte do universo está completamente impregnada por essa versão romantizada da 'metafísica da presença', o que, por outro lado, não é um privilégio seu, pois isso é verdadeiro tanto para todos os movimentos de contracultura (...) como para a chamada 'cultura do narcisismo'. (...) Em ambas as variantes da contemporaneidade busca-se, embora de formas distintas, uma coincidência de si consigo mesmo, uma autoconsciência sem mediações, nem dispersões, nem restos, busca-se a 'agoridade' de uma existência sem lembranças nem promessas para o qual os pressupostos da 'metafísica da presença' soam como naturalmente inteligíveis e cabem como uma luva" (Figueiredo, 2002, p. 5).

Heidegger: no autêntico a metafísica da presença. "A subjetividade e outros pontos privilegiados do pensamento tradicional têm de ser desconstruídos. A metafísica que pensa a identidade – ou a metafísica da presença – tem de ser superada pelo pensamento da diferença. Essa específica emancipação ou afirmação do signo não se refere à hermenêutica e ao projeto heideggeriano. A hermenêutica de Heidegger ainda afirma os lugares privilegiados para pensar a autenticidade do ser. Assim, ela ainda não é a diferença verdadeira, a diferença que produz a diferença. A diferença de Heidegger parece mais uma diferença reificada, determinando – poderíamos dizer assim – os lugares para a aparição do autêntico. A diferença heideggeriana ainda não é utópica. Heidegger ainda ficou preso no horizonte da moderna metafísica da subjetividade. Por isso, o projeto da destruição da metafísica tem de ser superado pelo projeto de sua desconstrução" (Milovic, 2006, p. 2).

Sobre o vazio. O capitalismo se propõe a preenchê-lo. Mas o vazio jamais deve ser preenchido. "A filosofia e a cultura quase sempre instauraram a ausência no ser humano, que deveria ser superada na perspectiva desse tempo linear; e esse tempo é o tempo do cristianismo, capitalismo, hegelianismo. Desconstruindo a metafísica da ausência, Derrida articula o vazio que nunca deve ser preenchido. Preencher o vazio significaria o estabelecimento da nova identidade" (Milovic, 2006, p. 3).

Anulação da diferença, em prol da "unidade". "Como argumenta Jacques Derrida, todos os sistemas com pretensões universalizantes trazem como característica constitutiva o medo da diferença, enquanto que o gosto pelo pensamento totalizador é precisamente o que chama de 'metafísica ocidental', ou 'a filosofia do mesmo'. Os grandes 'significados transcendentais' ('ser', 'Deus', o 'real'), as essências últimas a que todas as aparências supostamente se referem são os termos que abarcam tudo aquilo que constitui as totalidades construídas pelo pensamento e que têm justificado todo o movimento da reflexão essencialista no sentido de neutralizar e reprimir o Outro. A filosofia, por exemplo, ao perceber a diferença como uma ameaça, incansavelmente esforça-se para controlá-la e neutralizá-la, geralmente por meio da negação de sua realidade. A diferença em qualquer nível – tanto a diferença entre duas coisas, como a diferença no interior daquilo que normalmente imaginamos ser a 'mesma' coisa – é, assim, relegada aos domínios das 'aparências', enquanto se defende uma suposta unidade essencial que seria o 'real', o 'verdadeiro', o 'universal'. Esse gesto, que se justifica por uma concepção de racionalismo que se autopromove como a única origem legítima do conhecimento e que podemos associar ao que Derrida tem chamado de 'a metafísica da presença', é o mesmo movimento que tem justificado, entre tantas outras coisas, 'a tirania do estado como uma universalidade anônima e não humana' " (Citando Jacques Derrida a partir de McGowan - Arrojo, 2008).

O cinema experimental "corta" o olhar. "A experiência sensorial suscitada pelo cinema é múltipla e anárquica, pois, além de não se subordinar aos modelos de representação e idealização, instiga o excesso e a escatologia – no seu sentido 'daquilo que sai das vísceras e vai para fora' – rompendo com os interditos aludidos por Bataille. Nesse sentido, também seria possível recorrer a diversos exemplos de cinematografias experimentais que procuraram cortar o olhar (como a navalha afiada de Buñuel) mediante experimentações cinestésicas, com intuito de exteriorizar as percepções do espectador, como o cinema de Hans Richter, Gregory Markopoulos e Stam Brakhage, dentre outros. (...) Esse tipo de cinema abalaria a *metafísica do olhar*, vinculada à *metafísica da presença*, desconstruindo as suas polarizações (Shaviro, 2002). Como foi mencionado a partir do pensamento de Blanchot, as imagens não trazem à tona o passado, mas a ausência desse passado. Tais 'visões da ausência' são produzidas/atualizadas a partir das imagens do filme, que, por sua vez, suscitam no espectador outras imagens, outras lembranças. O prazer do espectador nascido nesse 'contato a distância', transforma-se em *excesso*, na medida em que sua fascinação excede a imagem que contempla. Logo, a sua posição não pode ser colocada nos domínios da exterioridade ou da interioridade, pois esse 'contato a distância' estabelecido pela imagem cinematográfica destrói os processos de identificação e objetificação, desnaturalizando as percepções. O espectador se agencia com algo destituído de presença; nesse gesto, ele se aproxima da presença da ausência. Desse modo, a fascinação e o prazer visual não dependem de uma naturalidade ou de uma presença; portanto, não podem ser traduzidos para os modelos tradicionais de reflexão sobre o cinema, baseados em processos de identificação com o aparato cinematográfico" (Capistrano, 2003, p. 14).

O presente não se intui sem mediação: o presente não tem "interior". "(...) não há, também, qualquer esperança de 'intuir' o 'presente' sem alguma mediação – numa percepção unívoca, por exemplo – pela simples razão de que o 'presente' constitui-se de e como diferença de si – perda, resgate e na antecipação – ou seja, é internamente mediado sem que esse processo rume e se conclua numa síntese definitiva e englobante. Melhor dizendo: o 'presente' não tem 'internamente' nada a não ser os seus outros, o que é uma maneira de afirmar que, em rigor, o 'presente' não possui qualquer 'interior' e que ele existe apenas numa cadeia infinita e instável de vestígios, resistências e remissões que o significam, ressignificam e destituem de significação. Seus signos não lhe são externos, como representações duplicantes e meramente adicionais de um 'dado à presença', mas, ao contrário, o constituem. Ou seja, a cada momento o que se dá, deu ou dará como 'agora' está necessariamente atravessado por 'vazios', aberto aos irrepresentáveis, e, de outro lado, estruturado indispensavelmente pelos signos – que só significam na cadeia de suas diferenças – não tendo jamais um sentido fechado e definido que se esgote nele mesmo e possa ser plenamente a matéria de uma vivência ou de uma intuição imediata. Por isso, se a consciência reflexiva não assegura a coincidência de uma presença consigo mesma, é necessário também reconhecer que nenhuma intuição imediata da vida, nenhuma percepção, nenhuma empatia ou revivência realiza a proeza de garantir a presença a si da presença" (Figueiredo, 2002, p. 7). *Contra a percepção como método.*

"(...) o que está em jogo nessa questão é a própria ideia de uma origem à qual se poderiam reconduzir as cadeias de futuros acontecimentos. De modo ainda mais radical, o que está em jogo é a própria possibilidade de pensarmos a 'experiência' como algo simples, fundante e elementar, como algo que se pode conter, por exemplo, no conceito de 'percepção' " (Figueiredo, 2002, p. 6).

Da resistência ao novo: evitamos o estranho; sufocamos a intuição.
"Temos aprendido a frear a perplexidade diante das coisas, despistar os estranhamentos. Evitamos qualquer situação que nos arranque desse lugar estável no mundo que acreditamos possuir. Sequer chegamos à beira de nossos abismos para dar uma simples espiadela, para pesquisar o medo. Sufocamos nossa intuição, nossa zona de invenção, porque talvez seja arriscado demais lhe dar algum crédito, pode nos arremessar num beco sem saída, que nos force a abrir uma clareira em nós. Resistimos em construir outros universos de referência, preferimos repetir ideias encardidas, artificiais, viciadas, que às vezes podem até passar por novidade. Habitamos uma floresta de signos que murcham diante de nosso comodismo. Não admitimos por eles ser provocados, sequer somos suficientemente fluidos para nos engajarmos afirmativamente nessa rede de paradoxais acontecimentos chamada vida" (Preciosa, 2010, pp. 80-81).

Reativar a intuição. "O momento é propício para se articular outros territórios, revolver nossa existência, reativando as potências do afeto, do instinto, da intuição, que nunca deixaram de vibrar clandestinamente em nós, apesar de diminutas, estrategicamente esvaziadas, desacreditadas".

CAPÍTULO 8

DIFERENÇA ENTRE METÁPORO E RECEPÇÃO, ETNOGRAFIA

Edgar Morin

Quatro grandes eixos dos estudos de recepção

Se bem que os estudos de linguagem tenham tornado-se tema da filosofia com Rousseau, mas, principalmente com Kant, que estimulou, a partir de suas reflexões sobre a *Enciclopédia* de Diderot, as pesquisas linguísticas posteriores de

Hamman, Herder e Humboldt, e a subsequente *virada linguística* da filosofia, a *comunicação*, da maneira como ela ficou conhecida, é, antes, filha dos estudos sociológicos, tanto teóricos como empíricos. Em torno de 1900, a chamada Escola de Chicago já dizia que a sociedade não pode ser estudada fora dos processos de interação entre as pessoas e que ela é constituída simbolicamente pela comunicação (Rüdiger, 2009, p. 118). Seus representantes diziam que a sociedade é produto da comunicação e essa representa um processo simbolicamente estruturado. No momento em que os símbolos ganham sentido, estabelecido no processo de comunicação, seres e coisas tornam-se fonte de motivação (idem, pp. 118-119).

Ao mesmo tempo, o aparecimento das complexas *máquinas de divulgação social* – a rotativa, para a produção em série de jornais e revistas; o rádio, o cinema, a indústria publicitária – viria introduzir um novo sentido da comunicação humana, agora pensado como *comunicação de massas*, isto é, como complexos sistemas técnicos voltados ao bombardeamento de sinais, à produção de entretenimento em alta escala, à total transformação da vida política em espetáculo.

Temos, portanto, dois campos aparentemente distintos. Um, teórico, o da comunicação "humana" ou interacional, que dedica-se a demonstrar que a comunicação é algo distinto da linguística. No caso norte-americano, trata-se da Escola de Chicago; no europeu, da teoria do diálogo de Martin Buber. Outro, empírico, nascido em Viena, voltado aos grandes meios de comunicação, sob o comando de Paul Lazarsfeld, simpatizante do Círculo Lógico-Positivista. Entre os dois campos, fazendo uma espécie de hibridismo intelectual, a posição da Escola de Frankfurt que pretendeu juntar a reflexão filosófica "do homem" (marxista-hegeliana e freudiana) com a investigação empírica de escala, "da massa".

Mesmo assim, apesar da diferença substancial entre as duas formas de comunicação, interacional e de massa, elas misturam-se em diversos contextos e autores, visto que o plano interpessoal é necessariamente atravessado pelos sistemas e complexos da indústria da comunicação de massas, assim como esses, em escala microssocial, retomam o esquema da "pequena comunicação". Assim, é possível dizer que a comunicação pode ser estudada como um único e mesmo fenômeno, seja na "forma antiga", em que surgiu como "fenômeno social" e sujeita, assim, a estudos sociológicos, antropológicos, filosóficos e linguísticos (por exemplo, em Bloch, Lukács, Buber), seja no modelo de comunicação de massa, à maneira dos estudos administrativos (caso da pesquisa empírica da Escola de Columbia), seja na forma de estudos políticos e ideológicos (Gramsci, Althusser, Escola de Frankfurt).

O trabalho de um Habermas, por exemplo, que cresceu na proximidade de Horkheimer e Adorno, desloca o centro de seu interesse, em sua teoria da ação comunicativa, para a psiquiatria de Alfred Lorenzer e a sociologia de Herbert Mead. O trabalho de Stuart Hall herda do ambiente das culturas proletárias britânicas a tradição marxista, mas vai compor Gramsci com os estudos de recepção. Ou ainda, a pretendida recuperação do diálogo (de Bakhtin) em diferentes proposições políticas da comunicação.

Mesmo assim, o quadro ainda não está completo, pois a partir da fenomenologia, que passou por Husserl, Heidegger e Merleau-Ponty, desdobra-se uma forma de trabalhar comunicação da perspectiva de depuração de todos os condicionantes tanto político, quanto sociais e culturais, a saber, de uma leitura da "cena em si", em que desdobra-se o fenômeno comunicacional.

O conceito que pode associar as pesquisas de interação das pesquisas de recepção em massa é o termo *mediação*, criado por Herbert Mead. Comunicação, para a Escola de Chicago, é essa espécie de ligação, mediação entre interesses, possibilidades individuais e sua realização no plano macrossocial. O conceito foi reapropriado pelos estudos latino-americanos que o utilizaram para investigações sobre a recepção, especialmente da televisão, mantendo, entretanto, o referencial sociológico das pesquisas. Assim, os estudos de García--Canclini, de Martín-Barbero ou Guilhermo Orozco permanecem no campo da sociologia e não são estudos comunicacionais *stricto sensu*.

Detalhamentos

A Escola de Chicago influenciou Habermas, Maturana e Luhmann. Esses pressupostos estão na base do conceito de comunicação de autores mais recentes como Habermas, Maturana e Luhmann. O conceito de "ação comunicativa", de Habermas, por exemplo, apoia-se, de um lado na psiquiatria de Alfred Lorenzer, e, de outro, em Herbert Mead, para quem a intersubjetividade e a autoconsciência são socialmente produzidas. Diz Habermas que cada ego participa, em sua sociedade, de um universo discursivo comum e, em casos de conflito, assume, diante do "outro generalizado", uma posição, nessa mesma ordem, gerando esse envolvimento de consenso sobre costumes e valores. A comunidade comunicacional supera, assim, o sujeito cartesiano e reconstrói produtivamente o mundo vivido. O fato de a comunicação ser vista como mecanismo de coordenação da interação social é recuperado por Maturana em seu conceito de comunicação (PRD, vol. 3, cap. 8j). Maturana influenciou Luhmann nisso e também na concepção de que a sociedade é constituída simbolicamente pela comunicação.

Sobre os três campos da comunicação. Há, nitidamente, em todo esse quadro, um campo empírico pouco sensível às críticas ideológicas ou políticas da comunicação, que foi o terreno onde se desenvolveu a pesquisa em larga escala de Lazarsfeld e seus contemporâneos. Temos aí trabalhos pragmáticos, voltados à utilização de políticos e de empresas. Há, de outro lado, um terreno sociológico que envolve os estudos de interação social e de processos simbolicamente estruturados (Mead, Park, Blumer), que, como dito, incorporou Habermas. Por fim, um terceiro campo, de crítica ideológica, surgindo tanto a partir da posição de Bakhtin, na União Soviética, quanto da posição hegeliano-marxista do grupo em torno de Max Horkheimer.

Interação, efeitos, recepção

Vimos no capítulo precedente que, conforme a Escola de Chicago, a sociedade só pode ser estudada dentro dos processos de interação e que ela é constituída simbolicamente pela comunicação. Os autores não se detêm sobre *o momento da comunicação*, a saber, o fragmento de tempo em que isso se dá, nem em seu diagnóstico. O fato de considerarem que a comunicação emprega símbolos comuns e de que esses símbolos ganham sentido quando tornam-se fontes de motivação (Rüdiger, 2009, p. 119) só transfere o fenômeno para o campo mais amplo da antropologia ou da interação social.

Do outro lado do Atlântico, Martin Buber também dedica-se ao estudo de certo tipo de interação entre dois agentes, o diálogo. No centro de seu pensamento está a *relação*, o "entre" (que os americanos tratam como *interação*), esse campo de forças que vincula dois seres. Estar numa relação significa imergir totalmente nela, daí sua valorização do *instante*, ausente na Escola de Chicago. Não importa, para Buber, a concepção hegeliana de "progresso", mas essa, de instante, que concentra em si a "plenitude da eternidade", dizia seu inspirador, Franz Rosenzweig (PRD, vol. 3, cap. 9f). Diante de uma tela, diz Buber, o homem *a realiza*. Ela é uma aparição que exige dele um poder eficaz.

Num encontro entre duas pessoas, assim, não há exatamente um "processo de recepção", de um, da fala do outro. Há essa interpenetração de dois seres, um, nada querendo saber do outro, ou seja, não se colocando, no encontro, nenhum "fundamento gnosiológico": eu não me encontro com o outro para saber nada, para passar nada, eu me encontro com ele para participar de uma relação fundamental diádica, diz ele, síntese de evento e eternidade, em que sou instaurado no ser, introduzido na existência a partir da relação, da linguagem, da "cena" (idem, cap. 9g).

Essa compreensão da comunicação como diálogo foi incorporada por Levinas, que a ela atribui, adicionalmente, um compromisso ético. Isso não nos interessa no momento, mas apenas o fato de Levinas expandir a relação dialógica, enquanto momento comunicacional, elevando o outro a uma importância excepcional: é o outro que permite a comunicação, na medida em que eu, abrindo-me a ele, esvaziando meu ego autossuficiente, o insira em meu contexto, transformando-o.

Georges Bataille aproxima-se de ambos, investindo fortemente na magia da cena comunicacional. Comunicação, para ele, é uma experiência mais ou menos mística, sem palavras, comum de duas ou mais pessoas, como, por exemplo, no encontro dos corpos no erotismo, no riso, em que as pessoas "se perdem", mas também no sacrifício como forma de contágio. A natureza nos faz nascer sós, não existe nenhuma espécie de relação de um homem com o outro. Nessa crise de isolamento, em nossa realidade fechada, a ruptura só se dá pela pletora dos órgãos. Por meio do arrebatamento, do delírio, do encantamento, chega-se ao *extremo possível do homem,* ocorrendo aí a fusão entre sujeito e objeto, um amalgamento pleno.

Comunicação se dá sem palavras, diz Bataille. Nesse processo, para ele, não há exercício de conhecimento ou uso de vocábulos: uma palestra mantém a descontinuidade original e o espírito só pode se expor quando cessam as operações intelectuais de entendimento e compreensão, quando o sujeito manifesta-se como um não saber e o objeto, como algo desconhecido.

Sem expressões, sem termos, a comunicação é apenas essa vontade de perder-se nas cenas místicas ou mágicas. É a própria experiência que comunica, ela perpassa a todos, todos a sentem, é algo que os atravessa. Proust falava da fileira de árvores que o acostumara no caminho, falava de uma sala ensolarada. Não precisamos possuir a coisa para senti-la, diz Bataille, as usufruímos exatamente no fato de estarmos perdidos, desatentos, *comunicando*. (PRD, vol. 3, cap. 9h).

O conceito de comunicação para esses três pensadores demonstra uma convergência interessante ao defenderem, ao mesmo tempo, a teoria do não retorno: a comunicação não é uma relação de vai e vem, mas, antes, uma relação assimétrica que vai de mim ao outro, mas não tem volta. Georges Bataille diz que o êxtase não é amor, pois amor é possessão (como também acha Levinas); aqui não há sujeito-objeto, há uma "brecha escancarada" entre um e outro, na qual ambos se desfazem; cria-se a comunicação, mas não de um a outro; um e outro, diz Bataille, perdem sua existência distinta.

Os pesquisadores associados à investigação empírica em grande escala da comunicação (Escola de Columbia) não trabalham com interações nem com recepção, mas com o estudo dos efeitos. A recepção vai ficar a cargo dos estudos culturais. Para os primeiros, que estudaram efeitos dos *mass media* sobre as eleições, por exemplo, a comunicação de massa teria pouca influência na formação das vontades, funcionando mais como fator de reforço (Rüdiger, 2009, p. 120). Posteriormente, os estudos da recepção *em massa* tenderam para definição do *mass media* como constituidores da agenda de toda uma opinião pública a eles sujeita.

O máximo que pôde mostrar essa Escola, em termos do fenômeno comunicacional, foi a constatação de que a recepção ocorre por meio do modelo dos dois estágios, em que, num primeiro momento, os grandes meios de comunicação transmitem sinais para grandes públicos ou massas de receptores e, num segundo, personagens repassam esses sinais a outras pessoas, funcionando, assim, como seus disseminadores. Esses dois *degraus* da comunicação e a tese de que os conteúdos disseminados aleatoriamente para os mais variados públicos podem ser retraduzidos no plano microssocial para se obter eficácia revelaram que a sociologia dos pequenos grupos sobrepõe-se à das massas no que se refere à penetração dos conteúdos da comunicação.

Stuart Hall e seus colaboradores ocupam-se com os estudos de recepção, mas investem prioritariamente na *relação política* entre receptor e veículos de comunicação, sugerindo três possibilidades de relacionamento entre as partes: a plena incorporação, por parte do receptor, do conteúdo ideológico veiculado pelo emissor; sua "negociação", extraindo, do receptor, partes proveitosas daquilo que recebe do emissor; e sua completa negação. Os estudos latino-americanos seguem tendência semelhante ao saírem do momento comunicacional e se deslocarem para as *mediações*, que são, naturalmente, um momento posterior, político, ideológico, cultural, seja lá o que for, mas não mais comunicacional.

Em nenhum dos casos, portanto, fala-se da comunicação propriamente dita. Os estudos perdem-se em aproximações macro e microsociológicas, geralmente derivando para o embate político, ficando o fenômeno comunicacional absolutamente ignorado.

O mesmo problema será identificado no continente europeu com os representantes da Escola de Frankfurt. A posição de Adorno e Horkheimer na *Dialética do esclarecimento* será também uma *leitura política* dos meios de comunicação, que, segundo eles, serve à dominação social. Walter Benjamin distancia-se dessa perspectiva, sugerindo a possibilidade de o usuário intervir na obra, produzindo efeitos que aumentem sua consciência política e o tornem ativo no processo comunicacional (e político, portanto). Apesar disso, sua posição iguala-se aos demais no sentido de inverter o ângulo político, mas permanecer na visão meramente instrumental da comunicação.

Jürgen Habermas também se separa da posição central da Escola ao buscar na psiquiatria de Alfred Lorenzer e na sociologia de Herbert Mead elementos para melhor compreender as questões associadas à interação social na sua teoria da ação comunicativa. No caso do psiquiatra, afloram elementos não diretamente trabalhados, por Habermas, mas que permitiram a seguidores da Escola, como Dieter Prokop, um trabalho com os conteúdos comunicacionais que, pela primeira vez entre os descendentes da Teoria Crítica, faz uma radiografia do processo comunicacional *stricto sensu* como será retomado no próximo item.

O momento da comunicação

Vamos considerar a seguir como ocorre o processo da comunicação a partir de Bergson, von Foerster e Prokop.

A comunicação é o efeito de um acontecimento p sobre uma reta s, sendo que s é a sequência de sensações que eu vou sentir em certo período a partir desse acontecimento. Inicialmente, há um impacto r sobre nossos sentidos, uma mera impressão orgânica. Eu ouço um som, eu vejo uma luz, eu sinto algo em minha pele. Trata-se de algo pré-sígnico e pré-ideológico. São as afecções simples, sinais ou intensidades puras de que fala Heinz von Foerster ou os *fanerons* do nominalismo antigo. A quantidade sentida dessa afecção simples não é nem objetiva, nem subjetiva, nem ativa, nem passiva, ela é simplesmente "tida".

Comunicação

p
↓   impacto puro ou
    afecção simples

——————————— s
r

    Ao sentirmos algo, reagimos. Colorimos, tingimos, adicionamos algo à coisa, nos misturamos a ela. Dotamos a afecção simples de certo toque pessoal, de certa "impureza", ela vira *afecção*. Afecção é o prazer, a dor, a emoção que eu sinto, por exemplo, diante da picada de uma agulha. É meu *pathos*. Ela ocorre dentro do corpo e tem certo local de ocorrência, que é determinado território da minha pele, ou seja, uma extensão, *res extensae*. Quando essa afecção "se projeta", tornando-se inofensiva, ela perde a extensão, torna-se *percepção*. A agulha, que me picou, provocou inicialmente uma afecção; passado algum tempo, isso já se tornou inofensivo, virou lembrança, criou-se em mim uma percepção, *res cogitans*. A memória está sempre acoplada à percepção. Assim, depurando-se todas essas "leituras pessoais", o que resta são as percepções, que, opostas à afecção, guardam certa exterioridade, certa impessoalidade.

    Afecção e percepção são caminhos opostos: na afecção algo atinge meus órgãos sensoriais e dirige-se ao cérebro; na percepção, é o cérebro que reenvia as impressões causadas pela picada, "reflete-as", ela vira "representação". A captação de sinais externos e sua transmissão ao cérebro ocorre pelo sistema aferente. O caminho inverso, a reação cerebral de reflexo, ocorre pelo sistema eferente.

Em Bergson, assim, a percepção está muito próxima da memória. Ao mesmo tempo em que percebo um objeto também me lembro dele. A lembrança da sensação, contudo, não é uma sensação, pois um mesmo objeto pode ser percebido com diferentes sensações, nas diferentes vezes que eu o vejo (Rezende, 2009, p. 18).

Enquanto apreensão de objetos, meu pensamento é composto de percepções (os objetos que me aparecem) e de memórias (os objetos que estão ausentes). Esses objetos constituem aquilo que Bergson chama de *imagens*. A imagem não é exatamente uma representação, tampouco é a própria coisa, mas algo intermediário entre uma e outra. É a parte virtual de um universo material. Do conjunto de imagens, a percepção selecionará os objetos de sua representação, diz Worms. O cenário externo, o conjunto do mundo, seria o que Bergson chama de *percepção pura,* algo completo, universal e impessoal. E, quando eu escolho, quando retiro uma parte desse universo, realizo a percepção propriamente dita. Mesmo assim, o conjunto de onde foi extraída a percepção permanece vivo para mim.

O ato da percepção significa, para Bergson, uma condensação. Nela são condensados períodos de uma longa existência em alguns momentos significativos: percebendo, eu imobilizo. Mesmo sendo tomada como uma "ligação biológica universal e genérica", a percepção é algo individual, uma relação com a história pessoal.

Voltemos ao esquema inicial. Um acontecimento p incide sobre a reta s provocando sensações. Do impacto inicial r resultam afecções e percepções e/ou memórias. A consciência imediata do que aconteceu, aquilo que atinge o espírito, chama-se *intuição*. Ela mal se distingue do próprio objeto. Não é o fato de eu receber algo externo, mas o de eu me voltar para fora, de *penetrar no objeto.* Nesse ponto, vê-se a nítida separação entre Bergson e Descartes e entre Bergson e Husserl. Trata-se daquilo que torna o ser capaz para uma experiência pura. Intuição, em Bergson, é o sair de si mesmo do ser, a exclusão de seus hábitos, de suas noções adquiridas. Entre percepção e intuição há a mesma diferença entre o reconhecer e o envolver-se.

Assim, o processo da comunicação é essa relação entre um universo (as imagens, o acontecimento comunicacional), meu corpo e a ação mútua entre ambos. Quando ouvimos uma língua estrangeira, diz Bergson, não basta ouvi-la, isso é apenas som. É preciso entender a palavra, é preciso que os sons se prendam à memória. O cérebro faz a escolha entre pronúncias e sons buscando inserir a palavra pronunciada por uma nova pessoa às lembranças gerais armazenadas. Percepção é memória. (PRD, vol. 3, tomo 1, p. 231). No caso da música, por exemplo, ela não introduz sentimentos em mim, mas eu é que me introduzo, misturo-me a ela.

A consciência, diz Bergson, projeta sua luz sobre os antecedentes imediatos da decisão e sobre as lembranças passadas que lhe são úteis. E todo o restante permanece na sombra, sendo esse o campo do inconsciente, o das matérias que não são percebidas. (PRD vol. 3, tomo 1, p. 225).

Comunicação

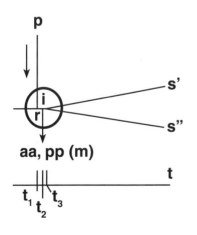

i = intuição
m = memória

aa = afecções
pp = percepções

t = linha do tempo
círculo = processo de comunicação
  Relação entre o universo e meu corpo

Capítulo 8 | Diferença entre metáporo e recepção, etnografia

Pois bem, observamos uma cena cinematográfica num tempo t_1. Os impulsos óticos atingem nossa retina e os sinais sonoros, nosso tímpano. Temos aí o impacto puro, o *r* do primeiro segundo. Essa pura intensidade pré-sígnica chega ao cérebro, enquanto afecção, e o cérebro pode relacioná-la, num tempo t_2, a algo já visto ou simplesmente registrá-la criando uma memória. Ela transforma-se em percepção. Movendo-nos à coisa, fazendo-nos realizar uma imersão no mundo – ou seja, retirando-nos do solipsismo – atingimos a intuição, num tempo t_3. É quando a percepção pode se realizar como simbolização/racionalização, *s'*, ou permanecer como sensação/emoção sem predicado, *s"*. No primeiro caso, o paroxismo pode levar a uma patologia, que é a relação sígnica com o mundo; no segundo, a uma relação cênico-histérica, na forma como a descreve a psiquiatria de Alfred Lorenzer (ver *Detalhamentos*).

Nossa inserção no campo das imagens significa que, pela intuição, nos submetemos inteiramente a elas, escancarando as barreiras da censura, como ocorre no mundo dos jogos, da ficção, dos sonhos, dos devaneios, das paixões, mas também na relação com pessoas de nossa confiança e intimidade. Trata-se do campo das ressonâncias, de Bachelard, em que atinge-se a alma e as mudanças profundas. É o campo favorável à comunicação, embora ela não seja obrigatória nele.

Quando não se trata da intuição, a relação que temos com as imagens é de distanciamento cauteloso, por meio de operações lógicas e racionais. As verbalizamos, simbolizamos, as mediamos socialmente com o recurso de processos de repercussão. Se elas não furam nosso bloqueio, se não conseguem invadir o campo dos sentidos, da *aisthesis*, elas apenas somam-se a concepções e impressões anteriores, sem divergir com elas.

Pode ocorrer também que algumas cenas ou imagens são vistas mas não são consideradas. Heinz von Foerster, fala, por exemplo, que vemos e ouvimos coisas que não ocorreram, ou o inverso, que ignoramos o que, de fato, estava lá. Nesse segundo caso, ele cita situações em que, apesar de vermos, o cérebro não registra, exatamente porque não tem memória para tanto, ou, então, porque "não pode explicar" (PRD, vol. 3. tomo 3, p. 32). Nesse caso, a afecção simples sequer chegou a ser uma afecção de fato, menos ainda, percepção.

No caso da teoria da comunicação, podemos simplesmente ignorar uma grande quantidade de sinais que se mostram a nós diariamente, exatamente porque, reconhecidos instantaneamente pela memória, os descartamos como "não importantes". É possível que a maioria absoluta desses sinais cotidianos seja assim desclassificada. A comunicação irá acontecer exatamente quando damos alguma importância a algo que vemos, ouvimos, percebemos do ambiente externo, ou seja, quando efetivamente fazemos uma seleção, quando triamos algo com que queremos nos envolver, seja conscientemente, seja por algum recurso de captura que nos faça voltar à coisa mesmo sem intenção. Afinal, tudo no mundo (homens, animais, objeto, cenas) emite sinais; alguns, o fazem de maneira deliberada, para chamar a atenção, e, de fato, não são apenas afecções, são efetivas percepções. O que fazemos com elas é exatamente a pergunta principal de todo o processo comunicacional.

Da mesma maneira, quando Levinas fala que o outro é o que permite a comunicação, na medida em que se apresenta a nós como mistério, estranhamento, como algo que porta alguma coisa que não possuímos, esse outro representa o papel de p no processo comunicacional. Ele é o próprio acontecimento comunicacional, pois, além de se pôr diante de mim, exigindo as operações de afecção e percepção, faz-me trepidar pelo seu grau de novidade, de não memória que ele porta. Sua ação é homologamente semelhante à dos fatos transmitidos pelo jornalismo, por revistas especializadas, por livros que trazem informações sobre áreas por nós inteiramente virgens, em relação às quais não possuíamos qualquer dado anterior. Nossa tese, portanto, é a de que *a comunicação é uma afecção que desestabiliza a função cerebral de acoplamento a uma memória anterior, que seria tranquilizante. Ela cria memória.*

Comunicação

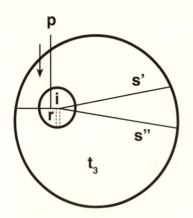

Pequeno Círculo:
Campo de probabilidade para a ocorrência efetiva da comunicação

Grande Círculo:
Efeitos outros do processo comucacional. Campo da sociologia, antropologia, ciência, política, estudos deliguagem, semióticas

No caso inverso, as propostas dos estudos de recepção situam-se no terceiro tempo t_3, do esquema apresentado, portanto, fora do círculo de ocorrência da comunicação propriamente dita.

Walter Benjamin e Bertholt Brecht, por seu turno, utilizam-se respectivamente do cinema e do teatro para a apropriação da emoção – ou do jogo com o imaginário, específico da produção ficcional – com a finalidade de transformá-la em ação política. A intuição, no caso, é relativa, visto que Brecht diz expressamente querer remover a emoção (ou a entrega, ou a relação onírica) da representação teatral para trazer o espectador de volta ao "mundo real". Benjamin pratica algo semelhante ao desfazer a aura da forma fílmica para que cada espectador possa, rearticulando à sua maneira a produção, obter a "revelação profana".

Outros estudos simplesmente ignoram a questão da recepção, como são os trabalhos voltados à emissão ou ao próprio signo linguístico, como é o caso das ciências da linguagem ou da semiótica. Em *Mil platôs*, Gilles Deleuze e Félix Guattari comentam que "não há recepção", já que a própria enunciação é questionada. A frase em si, para eles, não significa nada: "não existe enunciação individual nem mesmo sujeito da enunciação" (Deleuze/Guattari, 1995, pp. 17-18). Tudo não passa de agenciamento coletivo, em que signos remetem a signos numa cadeia infinita. Num sentido próximo está Peirce, para quem os atos de cognição sempre remetem a outro, e a outro, assim sucessivamente, "distanciando-se da possibilidade de experimentar os fenômenos tais quais eles supostamente se apresentam na realidade" (Marcondes, 2009, p. 283).

Tampouco os pensadores ligados à teoria dos sistemas e ao construtivismo radical operam com o conceito de recepção. Para Luhmann, por exemplo, o processo da comunicação é apenas o fato de *A* sinalizar algo a *B* e *B* entendê-lo como "vontade de comunicar", operação essa que o fará responder, atrelando sua frase à frase do outro, dentro de certo "sentido", vinculado à memória do que o outro manifestou (PRD, vol. 2, cap. 11). Em Maturana, nem sequer isso acontece, já que não há, para ele, transmissão de informações, menos ainda transferência de pensamentos. Enquanto sistemas autopoiéticos, cada mudança sofrida por eles deve-se única e exclusivamente à sua própria organização, sendo a comunicação nada mais do que *condutas coordenadas*, que são mutuamente desencadeadas entre membros de uma comunidade (PRD, vol. 3, cap. 8j).

Detalhamentos

> *Afecção: a impureza.* "A afecção é, portanto, aquilo que nós misturamos do interior do nosso corpo à imagem de corpo exterior: ela é aquilo que é preciso extrair inicialmente da percepção para reencontrar a pureza da imagem. (...) A afecção não é a matéria primeira da qual a percepção é feita; mais do que isso, ela é a impureza que se mistura aí" (*Matéria e memória*, pp. 59-60/206-207: Worms, 2000, pp. 10-11). *Afecções = algo cego.* "A contribuição principal dessa noção é, assim, de preservar a exterioridade e a objetividade das percepções,

recusando-se de fazê-las o resultado de sensações internas e subjetivas. Bergson nomeia deliberadamente afecção a esses dados sensoriais para insistir sobre seu aspecto cego e corpóreo, enquanto que a noção de sensação parece implicar uma relação com um objeto exterior e uma função de conhecimento" (Worms, 2000, p. 11).

Afecções = subjetivo; percepções = "objetivo". "As afecções do corpo opõem-se, portanto, às percepções dos objetos: enquanto que as segundas informam sobre os objetos exteriores e traduzem as ações possíveis, as primeiras informam apenas sobre o corpo e seu estado atual ou sobre as ações reais que ele sofre. Essa diferença impede fazer das sensações a origem das percepções (ao contrário), elas são mais o limite e o efeito" (Worms, 2000, p. 11).

Diferença entre afecção e percepção. "Afecção é a dor que eu sinto, ocorre dentro de meu corpo, é atingida em determinado local, possuindo, assim, uma extensão. Já a percepção é exterior, ela é a projeção espacial de uma afecção que ficou inofensiva. Percebo uma agulha, sou picado por ela (passagem da percepção à afecção); inversamente, sofro uma dor, mas essa recua e eu fico com sua representação (passagem da afecção à percepção). No primeiro, há extensão, no segundo, inextensão. A afecção mede o poder de absorção de meu corpo, a percepção, o poder refletor de meu corpo" (pp. 221-222).

Afecção, reflexão e percepção (memória). "Há um movimento em que sinais externos são captados e transmitidos ao cérebro. Trata-se da *afecção*. O mundo nos sensibiliza e os sinais chegam ao cérebro por intermédio do sistema aferente. A ele reagimos de reflexo, a saber, o cérebro produz uma reação. Trata-se da operação do sistema eferente, que Bergson chama de *reflexão*" (Rezende, 2009, p. 18). Os dados brutos, quando se estabelecem no cérebro de maneira duradoura, constituem a memória. As afecções podem resultar, no plano cerebral, em percepções ou memórias.

O "ajuste fotográfico". "Quando percebemos que nosso espírito entra em contato com um objeto, essa percepção está impregnada de lembranças-imagens. Essas, por sua vez, são a materialização das lembranças puras, que jamais manifestam-se por si próprias. (...) É como o ajuste de foco na máquina fotográfica: partimos do desajustado (cena atual, percepção), vamos calibrando (passado em geral) até chegar à imagem fina, nítida (passado determinado). A lembrança deixou de ser virtual e tornou-se atual, ela imita a percepção" (PRD, vol. 3, tomo 1, p. 232).

São os próprios objetos que explicam o pensamento. "(...) para explicar o pensamento, representações de objetos presentes (percepção) ou ausentes (memória) é preciso apelar a outra coisa que não o cérebro: os próprios objetos, entendidos como imagens conscientes, ou lembranças puras, numa memória inconsciente" (Worms, 2000, p. 14).

Imagem: entre coisa e representação. "Por 'imagem' entendemos certa existência que é mais que o idealista chama de uma representação, mas menos daquilo que o realista chama de uma coisa, – uma existência situada a meio caminho entre a 'coisa' e a 'representação'" (*Matéria e memória*, Worms, 2000, p. 29). "Imagens são partes virtuais do universo material entre as quais a percepção selecionará os objetos de sua representação" (Worms, 2000, p. 29).

Real = percepção pura. "Uma das teses principais deste livro (*Matéria e memória*) consiste em identificar o real àquilo que seria a 'percepção pura', entenda-se por isso uma percepção direta, completa, universal e impessoal. (...) É o conjunto de imagens, mas que existem em si: segundo a expressão de um comentador, realidade e percepção não são mais do que dois nomes de uma mesma existência" (Pernot, 2000, p. 212).

Eu seguro um trinco de porta no escuro... Eu percepciono. "O conjunto de imagens não é uma imagem, é a própria matéria. A separação (*découpage*) de partes do mundo por um corpo vivo e uma consciência chama-se percepção" (Worms, 2000, p. 30). "Imagens" aqui não são cópias mentais de objetos do exterior, mas são "partes do mundo", as "próprias coisas" (Worms, 2000, p. 30).

Percepção é seleção. "Perceber consiste em destacar do conjunto de objetos a ação possível de meu corpo sobre eles. A percepção, portanto, não passa de uma seleção. Ela não cria nada, seu papel, ao contrário, é o de eliminar do conjunto de imagens todas aquelas sobre as quais eu não farei nenhuma captação (*je n'aurais aucune prise*), no mais, de cada uma das imagens, elas mesmas retidas, tudo o que não interessa às necessidades da imagem eu chamo de meu corpo" (*Matéria e memória.* 340/230: Worms, 2000, p. 52). (...) "Mas essa relatividade não apaga jamais a presença, ao lado da percepção, do restante da matéria da qual ela foi extraída, que lhe dá sua característica absoluta" (Worms, 2000, p. 53).

Perceber: sintetizar em momentos importantes. "Perceber consiste, em suma, em condensar períodos enormes de uma existência infinitamente diluída em alguns momentos mais diferenciados de uma vida mais intensa (...). Perceber significa imobilizar" (*Matéria e memória*, pp. 342/233: Worms, 2000, p. 53).

Percepção é o genérico e o individual. "A percepção é uma ligação biológica universal e genérica, mas também uma individualização permanente, contato com o mundo, mas também história individual" (Worms, 2000, p. 54).

Percepção: passo "do mundo" (extensivo) ao estado afetivo, inextensivo, do meu corpo. Não é de mim que eu parto (como fazem os psicólogos); antes devo me colocar *no mundo*. Ou, dito de outra maneira, passa-se do espaço homogêneo (o mundo) ao estado afetivo (chamado "inextensivo", o das sensações inextensivas da consciência). Temos inicialmente diante de nós um universo, seu espaço, sua extensão; esse, nós o comprimimos ou reduzimos à superfície do corpo vivo. É como no exemplo do rio, descrito por Merleau-Ponty (PRD, vol. 3, tomo 1, cap.

3 espacialidade e temporalidade): o rio é um espaço homogêneo e eu, que o vejo, o estado afetivo inextensivo. Do corpo, concentrado em si, partem sensações inextensivas que se ampliam e dão a ele uma extensão. Há algo intermediário entre as imagens (extensivas) e as ideias (inextensivas), que são os estados afetivos. É isso que é a percepção: os estados internos e inextensivos estendendo-se e projetando-se para fora (PRD, vol. 3, tomo 1, pp. 223-224).

Intuição: consciência imediata. "A intuição significa, portanto, inicialmente, consciência, mas consciência imediata, visão que mal se distingue do objeto visto, conhecimento que é contato e mesmo coincidência. (...) A intuição é aquilo que atinge o espírito, a duração, a mudança pura" (*O pensamento e o movente*, 1272-1274/27-29: Worms, 2000, p. 37).
Intuição = experiência pura. "Sob a forma terminada, a intuição é um poder próprio do homem, que o torna capaz de uma experiência pura. (...) Sua operação efetua-se, além disso, segundo um sentido bem preciso: ela não consiste numa receptividade perfeita do espírito mas, ao contrário, num movimento para fora de si para se transportar na direção do objeto e penetrá-lo" (Pernot, 2000, p. 211).

Intuição = sair de si mesmo, excluir pré-noções. "(A intuição) solicita um esforço espiritual intenso, já que trata-se de sair de si mesmo, descartar todos os hábitos do pensamento, as noções familiares, os conhecimentos adquiridos" (Pernot, 2000, p. 211).

As coisas não são introduzidas em nós: nós nos misturamos a elas. A comunicação (Bergson: a música) não introduz sentimentos em nós, mas nos introduzimos neles (PRD 3, vol. 1, p. 219).

As patologias do processo comunicacional. Dieter Prokop, apoiado em Alfred Lorenzer, diz que na formação sígnica o ego utiliza-se de formas para se defender de situações incômodas ou destrutivas, como a recusa da realidade e o recalque. Com isso, evita-se o conflito e separam-se as percepções. O ego afasta-se do objeto, "pessoas e coisas transformam-se em algo como fichas de jogos, das quais se pode dispor", diz Prokop. Relacionarmo-nos com um mundo pelo viés da signalidade significa, assim, termos um comportamento instrumental, uma relação manipuladora com o mundo. Mas há também fantasias-clichê no filme. Nesse caso, diz ele, fica-se fixado em certas cenas, mas não se pode colocá-las no contexto, compreendê-las. Se, no caso anterior, os receptores mantêm-se indiferentes diante da violência das cenas apresentadas, aqui, ao contrário, há uma fascinação, um magnetismo que segura a atenção dos (tel)espectadores. Referindo-se à série televisiva *Holocausto* (Berger, 1978), ele diz que fantasias-clichê são "imagens de felicidade familiar", risos felizes, casal dançando ao som do acordeão, mãe e filha tocando piano, mas também as cenas estereotipadas: sinagoga em chamas e estrela de Davi queimando. A felicidade, diz o analista, é encenada como idílio, mas também como meio dramatúrgico para introduzir formas de destruição.

Patologias do processo comunicacional

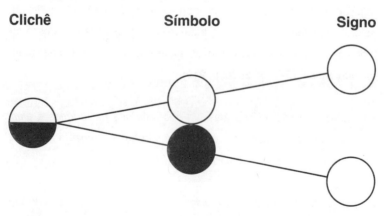

FANTASIAS-CLICHÊ   **SIGNALIDADE**

Clichê   **Símbolo**   **Signo**

Gestualidade não significante   Esvaziamento dos significados
Emocionalidade   Isolamento afetivo + intelectualização
Maior componente cênico   Desaparecimento do gestual

Da etnografia interpretativa

Uma coisa é o *dizer*, outra, o *dito*. Na forma verbal do infinitivo, o verbo não está flexionado, ele não adaptou-se a uma situação, a um caso, a um uso específico. Ele está livre, ele aguarda uma utilização possível. Por estar ainda nessa forma, o verbo permite múltipla flexibilidade, elasticidade, arranjo, adaptação, variações. É a diferença entre o viver e o assentamento disso num texto, entre o acontecer de algo na minha frente e sua representação, seja ela fílmica, sonora, literária, estética, ou o que for. Levinas diz que o dizer está aquém das diferenciações, nem verbo, nem substantivo, é o ferimento não a ferida (PRD, vol. 3, tomo 4, cap. 9). O *dito* estabiliza, paralisa, assenta, acomoda, pacifica. O leitor de um texto opera com um dito, não com o dizer. O dizer está no campo da experiência *in actu*, ele é vibrações, energias presentes, tensões, *frissons*, é vivência pura, mas, como tal, intransmissível. Por isso, todos os relatos estarão sempre, inevitavelmente, aquém das vivências.

O dito torna-se o escrito. A frase ouvida é anotada, cristaliza-se. Morre. Mas é uma morte *sui generis*, pois o morto continua a provocar seus efeitos. Não por conta própria, mas pelo investimento que fazemos nele. Diante de uma tela, diz Buber, o homem *a realiza*. O homem cria vida, cria um *dizer* naquilo que é dito.

O etnógrafo tem uma atuação no campo da pesquisa e da ciência próxima a um pesquisador metapórico: ele descreve. Mas, além da descrição, ele tenta compreender, interpretar, analisar. Vejamos, inicialmente, a descrição. Diz Geertz que o etnógrafo deve atentar para o comportamento, e com exatidão, pois, por meio do fluxo de comportamento, mais precisamente da ação social, é que as formas encontram articulação (Geertz, 1973, pp. 12-13).

Citando Ryle, Geertz fala que há duas formas de descrição: uma, chamada de superficial, e outra, de densa. O exemplo dele é dois garotos piscando rapidamente o olho direito. Num deles, esse é um tique involuntário; no outro, é uma piscadela conspiratória a um amigo. Para Ryle, esse segundo piscador está comunicando-se de maneira precisa e especial: ele o faz deliberadamente, para alguém em particular, transmitindo uma mensagem específica, de acordo com um código estabelecido e sem o reconhecimento dos demais companheiros. Ryle amplia sua demonstração incluindo aí um terceiro garoto que, querendo divertir maliciosamente seus companheiros, imita o piscar do primeiro garoto de modo grosseiro, óbvio. Ele age como o segundo garoto e com o tique nervoso do primeiro: contraindo a pálpebra direita. O terceiro garoto nem pisca nem tem tique nervoso, ele imita alguém que tenta piscar. Aqui, diz Ryle, há outro código: ele vai "piscar" laboriosamente, talvez fazendo uma careta. Nesse caso, diz ele, não se trata de conspirar, mas de ridicularizar. De qualquer maneira, o objeto da etnografia está entre o que para Ryle é uma "descrição superficial" do que o "ensaiador" (imitador, piscador, aquele que tem o tique nervoso) está fazendo (contraindo rapidamente a pálpebra) e a "descrição densa" (praticando a farsa de um amigo, imitando uma piscadela para levar um inocente a pensar que existe uma conspiração em marcha). Nesse segundo tipo, institui-se, para Ryle, uma "hierarquia estratificada de estruturas significantes, em termos das quais os tiques nervosos, as piscadelas, as falsas piscadelas, as imitações, os ensaios das imitações são produzidos, percebidos e interpretados, e sem os quais de fato não existiriam" (Geertz, 1973, p. 5).

Na descrição "superficial" do que o menino está fazendo, podemos encontrar a apresentação de um processo meramente físico (ato de fechar e abrir as pálpebras), ao mesmo tempo que uma decodificação de sinais. Ainda não estamos no campo da interpretação, pois uma denotação ainda não é uma conotação. Tampouco ela é necessariamente superficial, pois, mediante descrições múltiplas desse tipo – apresentação de cenas, personagens, falas e impactos – pode-se construir no imaginário do receptor uma cena relativamente densa da situação. Mesmo a mera descrição de peças de uma moradia – móveis, objetos, roupas, utensílios, livros, por exemplo – pode traduzir o personagem que aí vive, seu estilo de vida, seus gostos, suas ocupações, sem que o etnólogo precise *somar* nada meu a esse quadro. O que Geertz propõe como descrição "densa", em realidade, é uma abstratificação do vivenciado, que, caso comum em antropologia, acaba por se desprender do referente e operar apenas com regras abstratas totalizantes. É o vício do estruturalismo.

Geertz reconhece que os textos antropológicos são ficções, por serem algo construído, modelado, por serem interpretações de segunda e terceira mão. A diferença da literatura estaria, segundo ele, no fato de a literatura tratar os atores como "hipotéticos" e os acontecimentos "como se não tivessem ocorrido" (Geertz, 1973, p. 11). Mas essa argumentação é frágil. A literatura, assim como a antropologia, usa da mesma técnica de descrever cenas, falas e personagens, ambas são relatos humanos, portanto, subjetivos, e a literatura pode ser tão verdadeira (muitas vezes o é) quanto a "vida real" relatada pelos etnógrafos.

Para ele, a etnografia é uma descrição densa. Ela enfrenta estruturas conceituais complexas, às vezes sobrepostas umas às outras, estranhas, irregulares, inexplícitas, diz ele. Ele as apreende e as apresenta: "fazer a etnografia é como tentar ler (no sentido de 'construir uma leitura de') um manuscrito estranho, desbotado, cheio de elipses, incoerências, emendas suspeitas e comentários tendenciosos, escrito não com os sinais convencionais do som, mas com exemplos transitórios de comportamento modelado" (Geertz, 1973, p. 7). Até aqui, a exposição metapórica segue as mesmas trilhas.

Nas páginas seguintes, Geertz concorda que um ser humano possa ser um enigma para outro ser humano e que nós não *compreendemos* o povo (o grifo é dele). Ele pretende falar com os nativos, não se misturar com eles. É o que ele chama de "situar-se": "situar-nos, um negócio enervante que só é bem-sucedido parcialmente, eis no que consiste a pesquisa etnográfica como experiência pessoal" e como empreendimento científico. O que ele quer é apenas conversar com os nativos, pois, "colocá-los (os marroquinos) no quadro de suas próprias banalidades dissolve sua opacidade" (Geertz, 1973, p. 10).

Conversar quer dizer também *ouvir*. A escuta, para Wilfred Bion, enquanto "acolhimento para a expressão do inusitado de todos os outros emudecidos, silenciados, desprezados em sua sabedoria" (Maroni,

2008, pp. 30-31), nos ensina a pensar, pois, como visto no capítulo 1 deste livro, "só o outro nos permite crescer emocionalmente" (idem). E, para isso, precisamos *perder tempo,* ou seja, o exercício das "negative capabilities" de Bion: tolerância à frustração, o não, a falta, a espera, o não saber, o mistério, a ausência, a saudade (Maroni, 2008, p. 57).

A etnografia começa a se separar do metáporo em dois momentos decisivos: ao não se ocupar do acontecimento comunicacional *stricto sensu* (em verdade, não é sua intenção fazê-lo), mas, acima de tudo, quando ela se propõe a buscar os significados: "Resumindo, o que escrevemos é o *noema* ("pensamento", "conteúdo", "substância") do falar. É o significado do acontecimento de falar, não o acontecimento como acontecimento (Geertz, 1973, p. 10). Portanto, trata-se tanto de uma descrição, quanto de uma explicação (ou especificação, ou diagnose), sendo que, no primeiro caso, a "inscrição" ou descrição densa já supõe um trabalho de "anotar o significado que as ações sociais têm para os atores". Mas, como pode o etnólogo saber o significado que as ações têm para os atores, se, como ele mesmo falou, nós jamais poderemos compreender o povo? Só conseguimos traduzir essas ações dentro de nosso próprio quadro de referência, ou seja, mutilando-as, reduzindo-as, vertendo-as, em última análise, negando-as.

No cap. 12d do PRD, citamos Humberto Maturana, que dizia que os sistemas são fechados, relacionam-se com outros sistemas apenas por meio do contato entre suas membranas externas, sobrevivendo mesmo que se alterem elementos de sua estrutura organizacional, ou seja, com as sucessivas mudanças em sua aparência. Eles não têm finalidade, não há um "para quê", eles simplesmente sobrevivem. Somos nós, os observadores, que lhes atribuímos suas estruturas, suas leis, seu percurso, seu sentido. De certa maneira, o modelo aplica-se a seres humanos e ao *leitor* antropólogo. Os limites da comunicação falam disso. O fato de qualquer representação sempre ficar aquém do vivido é outro exemplo. Nós não conhecemos o outro. Não porque não temos instrumentos, mas porque jamais os teremos, porque jamais poderemos saber o que vai pelo outro. Não somos e nunca seremos transparentes ao outro. Por isso, "as coisas tendem a resistir" (Geertz, 1973, p. 17) à articulação conceitual, elas escapam de nossos modos de avaliação.

Os problemas de Geertz são os mesmos da própria semiótica que ele diz utilizar. Afinal, por que precisamos de uma explicação, por que precisamos da fala culta, competente, esclarecida de alguém para nos dizer o que pensar, o que ver, o que sentir? Será que isso não irá nos inibir a pensar com a própria cabeça? Será que aprender a discernir, a raciocinar, a ponderar elementos de uma mesma história não nos bastam para considerar as informações recolhidas no campo e apresentadas para o leitor? Alguém precisa nos ensinar como se lê um livro, como se assiste a um filme, como se vê uma foto? O problema do perspectivismo na arte não foi sempre o de que alguém olhava por nós a paisagem e nos repassava como se fosse "a verdade"?

Geertz tenta fugir daquilo que ele chama de cabalismo ou ciência negra. O descrédito de uma abordagem semiótica da cultura viria, segundo ele, do deslize para uma combinação entre intuição e alquimia. O olhar fenomenológico seria mera "intuição", ao que parece, no sentido popular da palavra. Não há, em sua forma de falar, nem a possibilidade da intuição cartesiana (concepção imediata e perfeitamente clara, pelo espírito, a respeito de uma ideia; evidência), nem da kantiana (forma como um objeto se dá imediatamente à nossa mente, mas de maneira *sensível*). É o caso da contemplação estética.

Henri Bergson contrapõe o conhecimento intuitivo (nos revela aquilo que os seres são por si próprios) ao conhecimento discursivo e analítico, que vem do exterior, do pesquisador. O problema da forma proposta pela etnologia é o desse segundo tipo de saber, da aspiração de se estar fazendo ciência sem aspas, ou seja, a crença na existência de uma verdade, mesmo que inatingida pelo homem, mas buscada pela ciência, como dizia Nietzsche, na 2ª afirmação da *História de um erro*: "o verdadeiro mundo, inalcançável por ora, mas prometido ao sábio, ao devoto, ao virtuoso".

Aspirar, enxergar por dentro, compreender, diagnosticar, é incorporar, ainda que de maneira discreta, a "perspectiva de Deus", de alguns homens se acharem mais conhecedores da verdade do que outros, mais esclarecidos, mais sábios, detentores de uma revelação especial, que os tornam juízes de outros, dos fatos e de toda a sociedade.

Detalhamentos

Um ser humano, enigma para outro ser humano. "Falamos... de algumas pessoas que são transparentes para nós. Todavia, é importante no tocante a essa observação que um ser humano possa ser um enigma completo para outro ser humano. Aprendemos isso quando chegamos a um país estranho, com tradições inteiramente estranhas e, o que é mais importante, mesmo que se tenha um domínio total do idioma do país. Nós não *compreendemos* o povo (e não por não compreender o que eles falam entre si). Não podemos nos situar entre eles" (Geertz, 1973, p. 10).

Descrição versus *explicação.* "Tal visão de como a teoria funciona numa ciência interpretativa sugere que a diferença, relativa em qualquer caso, que surge nas ciências experimentais ou observacionais entre 'descrição' e 'explicação' aqui aparece como sendo, de forma ainda mais relativa, entre 'inscrição' ('descrição densa') e 'especificação' ('diagnose') – entre anotar o significado que as ações sociais particulares têm para os atores cujas ações elas são e afirmar, tão explicitamente quanto nos for possível, o que o conhecimento assim atingido demonstra sobre a sociedade na qual é encontrado e, além disso, sobre a vida social como tal. Nossa dupla tarefa é descobrir as estruturas conceptuais que informam os atos dos nossos sujeitos, o 'dito' no discurso social, e construir um sistema de análise em cujos termos o que é genérico a essas estruturas, o que pertence a elas porque são o que são, destacam-se contra outros determinantes do comportamento humano. Em etnografia, o dever da teoria é fornecer um vocabulário no qual possa ser expresso o que o ato simbólico tem a dizer sobre ele mesmo – isto é, sobre o papel da cultura na vida humana" (Geertz, 1973, p. 10).

As coisas resistem à interpretação. "O que nos leva, finalmente, à teoria. O pecado obstruidor das abordagens interpretativas de qualquer coisa – literatura, sonhos, sintomas, culturas – é que elas tendem a resistir, ou lhes é permitido resistir, à articulação conceptual e, assim, escapar a modos de avaliação sistemáticos. Ou você apreende uma interpretação ou não, vê o ponto fundamental dela ou não, aceita-a ou não. Aprisionada na imediação de seu próprio detalhe, ela é apresentada como autovalidante ou, o que é pior, como validada pelas sensibilidades supostamente desenvolvidas da pessoa que a apresenta; qualquer tentativa de ver o que ela é em termos diferentes do seu próprio é vista como um travesti – como etnocêntrico, o termo mais severo do antropólogo para o abuso moral" (Geertz, 1973, p. 17).

Sobre a intuição sensível em Bergson. Para Henri Bergson, a intuição é um conhecimento *sui generis*, comparável ao instinto e ao senso artístico, que nos revela aquilo que os seres são em si próprios, por oposição ao conhecimento discursivo e analítico que nos faz conhecê-los do exterior. "Chama-se intuição a essa espécie de simpatia intelectual pela qual nos transportamos para o interior de um objeto para coincidir com aquilo que nele existe de único e, por consequência, de inexprimível" (*A evolução criadora*) Marcondes Filho, 2009, p. 195.

Sobre Edgar Morin e Klages

Consideremos essa citação de Edgar Morin: "Parto também com a necessidade dum princípio de conhecimento que não só respeite, mas também reconheça o não idealizável, o não racionalizável, o fora-da-norma, o enorme. *Precisamos dum princípio de conhecimento que não só respeite, mas também revele o mistério das coisas.* (...) Na origem, a palavra 'método' significava caminho. Aqui temos de aceitar caminhar sem caminho, fazer o caminho no caminhar. O que dizia Machado: *Caminante no hay camino, se hace camino al andar.* O método só pode formar-se durante a investigação; só pode desprender-se e formular-se depois, no momento em que o termo torna-se um novo ponto de partida, dessa vez dotado de método. Nietzsche sabia-o: 'Os métodos vêm no fim' (*O Anticristo*). O regresso ao começo não é um círculo vicioso se a viagem, como hoje a palavra *trip* indica, significa *experiência,* donde se volta mudado. Então, talvez tenhamos podido aprender a aprender aprendendo. Então, o círculo terá podido transformar-se numa espiral em que o regresso ao começo é, precisamente, aquilo que afasta do começo. Foi precisamente isso que nos disseram os romances de aprendizagem de *Wilhelm Meister* a *Siddharta*" (Morin, 1977, p. 25).

Longe dos estudos de recepção e de etnografia, o metáporo encontra, nessa citação de Morin, o pensamento que mais aproxima-se de sua proposta, a ponto de algumas pessoas confundirem um com o outro. As semelhanças são várias. Em ambos os casos, busca-se respeitar o não idealizável, o não racionalizável, o fora da norma. Da mesma maneira, os dois propõem um método que se forma durante a investigação, que se desprende e que se formula *a posteriori*. Mais ainda: o caminho que se faz percorrendo está em ambas as proposições, assim como a "viagem" que se faz na pesquisa, da qual retorna-se mudado, alterado, transformado.

Morin sugere nesse mesmo texto que Nietzsche teria dito em *O Anticristo* que "os métodos vêm no fim". Tal citação, contudo, não foi encontrada nos três capítulos (13, 28 e 59) em que Nietzsche fala de método nesse livro. Por isso nos parece estranha, já que, segundo o metáporo, cuja visão heraclitiana é próxima de Nietzsche, no fim constitui-se *um* método, mas só aquele, específico para essa investigação, não "os métodos". Cada caso elaborará para si o próprio caminho da pesquisa, que não servirá de modelo para os demais, que deverão, por seu turno, sair em busca de seus próprios caminhos.

O problema de Morin é que ele pretende algo que "revele o mistério" das coisas. Mas o mistério do outro é tão insondável quanto o mistério do sonho. E observar o sonho pode nos dar elementos para nossas próprias viagens metapóricas. Ludwig Klages, ao tratar da fenomenologia do sonho, sugere que o sonho não constitui um contexto coerente, não permite conexões com outros sonhos ou com o estado desperto, não pode ser interpretado como deformação da vida desperta. Ele é "algo originário". Como o acontecimento comunicacional.

No sonho, a pessoa entrega-se a uma impressão, submete-se a uma ordem, pratica certa passividade. O ego perde sua sustentação, a rigidez de uma fixação, mistura-se com as imagens, torna-se fluido, esvazia-se, não produz mais nenhum ato. Desaparece o pensar, o querer, o conceber, sobrando apenas o "dom de contemplar". Apenas observamos.

Falar que "o homem não é nada, não produz nada", tornou-se há tempos um truísmo. Quando ele tenta operar individualmente, diz Klages, reduz-se a um "ego consciente" cartesiano, fechado ao mundo, isolado, desprovido de vida. A vitalidade, portanto, está no dissolver-se no cosmos. O processo da pesquisa como o processo do sonho não contêm nenhum agir determinado, um sujeito atuante, uma participação voluntariosa e irreal. Nos sonhos, diz Klages, não há "realização de desejos"; somos tão desimportantes como na vida real, meros coadjuvantes na cena do mundo.

Diz Klages que o olhar daquele que contempla, mesmo um objeto próximo, o que está envolvido na coisa, prende-se, liberto das finalidades, às *imagens* do objeto, o que significa, pelo menos, uma forma que não foi fechada pelo estabelecimento de fronteiras, mas pelo conjunto de imagens vizinhas que a cercam. De modo algum, é a distância do objeto, mas *a maneira de olhá-lo* o que decide se ele tem a característica do próximo ou do distante; e ninguém desconhece o caráter concreto daquilo que está próximo, nem o caráter imagético do que está distante (Klages, 1926, p. 128s).

A cena comunicacional é uma cena verdadeira. Para Klages, também o é a realidade onírica, só que verdadeira de outro modo.

A narração de um sonho, sua transformação em "fatos", busca recuperá-lo para a racionalidade, mas o sonho é oposto de tudo que é factual, ele não permite traduções nem interpretações. É como atua, por exemplo, Bion, na sessão clínica: mantendo-se sem memória, sem desejo, sem compreensão, "exatamente assim para ser capaz de apreender o novo daquilo que é dito e não ficar tentando enquadrar o que é dito em qualquer esquema que esmague o inusitado" (Maroni, 2008, p. 29).

Mas Morin quer revelar os mistérios, quando a intenção não é revelar nenhum mistério, pois assim cairíamos novamente nas armadilhas de significação, da compreensão, da interpretação, em suma, da posse da verdade. A intenção, em nosso caso, é fazer a imersão para sentir e apresentar a comunicação.

Detalhamentos

A Nova Teoria não se confunde com o cognitivismo. Quando falamos que a comunicação é uma afecção que desestabiliza a função cerebral de acoplamento a uma memória anterior, que seria tranquilizante, que ela cria memória, isso poderia sugerir que estamos no campo das ciências cognitivas, que operam abstratamente com sensações, afecções e percepções de forma puramente lógica, fisiológica ou informacional. Mas não é o caso. Nosso modelo é antes filosófico, apoiado nas constatações de Bergson e atualizadas por Gilles Deleuze. Francisco Varela, ao considerar as críticas ao cognitivismo e ao relativizar as funções técnicas e biológicas, passa a incorporar a intencionalidade reclamada por John Searle e a validar as influências culturais e sociais. É o salto para o conexionismo, associando-o às teorias da auto-organização. A hipótese cognitivista de que todo conhecimento poderia ser apreendido em termos lógicos e que a cognição não passaria de um cálculo das representações internas ou mentais, reduzindo-se a um "tratamento da informação", ou seja, a uma manipulação de símbolos segundo um conjunto de regras, acessível a qualquer dispositivo capaz de manipular símbolos, é substituída pela figura do cérebro, que deixa de possuir qualquer regra e passa a ser visto apenas como "central de distribuição" dentro do aglomerado das interconexões. O número e a estrutura dessas conexões alteram-se com a experiência, e a capacidade de auto-organização do cérebro não encontra-se em parte alguma da lógica (Varela, 1999, p. 187). É o fim de um postulado central do cognitivismo, sua estruturação em torno da lógica. Varela redefine também a função dos símbolos, agora para uma escala de menos importância. O cognitivismo via os símbolos absolutamente divorciados de sua representação; ora, quando aplicados a fenômenos mais profundos de cognição, diz Varela, "dos símbolos só sobra a forma: toda significação torna-se fantasma" (idem, p. 189). A significação, assim, associa-se ao estado global do sistema e não está localizada em nenhum símbolo em particular. Agora, é o observador quem fornece a correspondência entre os dois planos. Observador e fenômeno definem-se reciprocamente (Chamak, 1999, p. 849). Na fase "encarnação", Varela retoma Husserl e Merleau-Ponty ao revelar a desconfiança de uma correspondência semântica entre o mundo e os estados internos de um sistema cognitivo e apontando que conhecer é existir no mundo, fato esse inseparável de nosso corpo, de nossa língua e de nossa história social. A capacidade cognitiva é inextrincavelmente associada à história vivida, ela é como o caminho metapórico, que não existe, "mas que é traçado na medida em que se anda por ele" (Varela, 1999, p. 190).

REFERÊNCIAS BIBLIOGRÁFICAS E WEBGRAFIA

ARMENGAUD, F. (2000). Verbete "Natureza e cultura". In: *Dictionnaire de La Philosophie*. Paris: Albin Michel, 2000.

ARROJO, R. (2008). "Os estudos da tradução na pós-modernidade, o reconhecimento da diferença e a perda da inocência". Cadernos de Tradução, 2008. In: <150.162.1.115/index.php/traducao/article/viewFile/5064/4567>.

AUROUX, S.; WEIL, Yvonne (1991). *Dictionnaire des Auteurs et des Thèmes de la Philosophie*. Paris: Hachette, 1991.

BACHELARD, G. (1940). "A filosofia do não". In: BACHELARD, G. *Os pensadores*. São Paulo: Abril Cultural, 1978.

Referências Bibliográficas

BACHELARD, G. (1957). *Poética do espaço*. Tradução: Antônio de Pádua Danesi, São Paulo: Martins Fontes, 2000.

BACHELARD, G. (1939). *O direito de sonhar*. Rio de Janeiro: Bertrand, 1994.

BATAILLE, Georges (1957). *O erotismo*. Tradução de Cláudia Fares. São Paulo: ARX, 2004.

BAUDRILLARD, J. (1992). *Da sedução*. Campinas: Papirus, 1992.

BAUDRILLARD, J. (2008). *Carnaval et Cannibale*. Paris: Éditions l'Herne, 2008.

BERGSON, H. (1938). *El Pensamiento y lo Moviente*. Madri: Espasa Calpa, 1976.

BERGSON, H. (1888). *Ensaio sobre os dados imediatos da consciência*. Lisboa: Edições 70, 1988 (Tradução adaptada).

BION, W. R. (2009). "As transformações do pensamento". In: *Memória da Psicanálise (mente e cérebro)*, n. 6, 2ª ed. São Paulo: Duetto, 2009.

BRAGA, J. L. (2010). "Nem rara, nem ausente – tentativa". In: *Matrizes*, ano 4, n. 1, julho/dezembro. 2010, pp. 65-81.

BRAGA, J. L. (2011). "Dispositivos interacionais". In: Anais do 20º Encontro Anual da Compós, Porto Alegre, 2011.

CAPISTRANO, T. (2003). "À pele da película: vias e veias do sensorialismo cinematográfico". Intercom – Sociedade Brasileira de Estudos Interdisciplinares da Comunicação. XXVI Congresso Brasileiro de Ciências da Comunicação – BH/MG – 2 a 6 de setembro de 2003.

CARRETERO, R. (2009). "Tribulación y Desamparo". In: LEÓN, Emma (org.) *Los Rostros del Otro*. Reconocimiento, Invención y Borramento de la Alteridad. Rubi (Barcelona), Anthropos Ed. México: Universidad Autonoma – CRIM, 2009.

CARROLL, A. (1864]). *Aventuras de Alice no país das maravilhas*. São Paulo: Fontana/Summus, 1977.

CASTILLA DEL PINO, C. (1970). *La Incomunicación*. Barcelona: Ediciones Península, 1990.

CHUSTER, A. (2009) "O objeto da psicanálise". In: Bion, 2009, p. 43ss.

CLÉMENT, E. *et alii*. *La Philosophie de A à Z*. Hatier, Paris, 2000.

COELHO Jr. N. E., FIGUEIREDO, L. C. (2004). "Figuras da intersubjetividade na constituição subjetiva: dimensões da alteridade". In: *Interações*, vol. 9, n. 17, pp. 9-28, janeiro/junho de 2004.

COLODRO, M. (2000). *El Silencio em la Palabra*. Aproximaciones a lo Innombrable. Santiago de Chile: Editorial Cuarto Próprio, 2000.

DASTUR, F. "Phenomenology of the Event: Waiting and Surprise". In: *Hypatia*, vol. 15, n. 4 (Fall 2000), p. 178. Tradução de Ciro Marcondes Filho.

DELAUNAY, A. Verbete "Duração". In: *Dictionnaire de la Philosophie*. Paris: Albin-Michel, 2000.

DELEUZE, G. (1970). *Proust e os signos*. Tradução de Antônio Carlos Piquet e Roberto Machado. Rio de Janeiro: Forense Universitária, 1987.

DELEUZE, G.; GUATTARI, Félix. *Mil platôs*. Capitalismo e esquizofrenia. 5 vols. Rio de Janeiro: Ed. 34, vols. 1 (1995), 2 (1995), 3 (1996).

Derrida, J. (2001). "Certa possibilidade impossível de dizer o acontecimento." In: Derrida, J. e outros, 2001.

DERRIDA, J. (1996). *Le Monolinguisme de l'Autre ou la Prothèse d'Origine*. Paris: Galilée, 1996. O monolinguismo do outro ou a prótese da origem.

DERRIDA, J.; SOUSSANA, G.; NOUSS, A. (2001). *Decir el Acontecimiento. Es posible?* Tradução de Julián Santos Guerrero. Madri: Arena Libros, 2006.

FERRARA, L. D'Aléssio (2010). "A comunicação entre mediações e interações". Trecho da exposição feita no Seminário "10 anos de FiloCom: a Nova Teoria nos 44 anos da ECA", São Paulo, 22 a 26 de novembro de 2010.

FERRARA, L. D'Aléssio (2011a). Participação no workshop do *Atrator estranho*, "A comunicação", 18 de maio de 2011. Presentes também José Luiz Braga, Maurício Liesen, Lauren Ferreira Colvara e Ciro Marcondes Filho.

FERRARA, L. D'Aléssio (Ferrara, 2011b). "A comunicação entre mediações e interação". Porto Alegre: Compós, 2011.

FERREIRA, W. R. V.; TEIXEIRA, Ana Paula (2009). Verbete "agenda setting". In: MARCONDES Filho, Ciro (org.) *Dicionário da Comunicação*. São Paulo: Paulus, 2009.

Figueiredo, L. C. (2003). "Tempo na pesquisa dos processos de singularização" (2002). In: <www.psi.puc-rio.br/LuisClaudioTempo.html>.

FREUD (1905). *Os chistes e sua relação com o inconsciente.*

GABILONDO, A. (2001). *La Vuelta del Otro.* Diferencia, Identidad y Alteridad. Madri: Editorial Trotta Univ. Autônoma de Madrid, 2001.

GEERTZ, C. (1973). *Uma descrição densa.* Por uma teoria interpretativa da cultura.

GROS, B. (1981). À *la Recherche du Temps Perdu* (1913-1927). Marcel Proust. Paris: Hatier, 1981.

JUNQUEIRA Filho, L. C. U. (2009). "Uma estética da precariedade humana". In: Bion, 2009.

KLAGES, L. (1926). *Vom Kosmogonischen Eros.* Bonn: Bouvier, 1926.

LEVINAS, E. (1947). *De l'Existence* à *l'Existant.* 2ª ed., Paris: Vrin, 1998.

LEVINAS, E. (1961). *Totalidade e infinito.* Tradução de José Pinto Ribeiro. Lisboa: Edições 70, s/d (2000).

LEVINAS, E. (1979). *Le Temps et l'Autre.* PUF, 1979.

LEVINAS, E. (1990). *Totalité et Infini.* Paris: Le Livre de Poche, 1990.

LEVINAS, E. (1994a). *L'Intrigue de l'Infini.* Paris: Flammarion, 1994.

LEVINAS. E. (1994b). *Liberté et Commandement.* Paris: Livre de Poche, 1994.

LÉVI-STRAUSS, C. (1967). *Race et Histoire.* Paris: 1967.

LIPSITZ, M. (2004). *Eros y Nacimiento Fuera de la Ontologia Griega: Emmanuel Levinas y Michel Henry.* Buenos Aires: Prometeo Libros & Universidad Nac. General Sarmiento, 2004.

LUHMANN, N. (2004). *A realidade dos meios de comunicação.* Tradução de Ciro Marcondes Filho. São Paulo: Paulus, 2005, pp. 93-95.

MALDINEY, H. (1991). *Penser l'Homme et la Folie.* Grenoble: J. Millon, 1991.

MARCONDES Filho, C. (2009). (org.) *Dicionário da Comunicação.* São Paulo: Paulus, 2009.

MARCONDES Filho, C. (2009). Verbete « Peirce ». In: MARCONDES Filho, Ciro (org.). *Dicionário da Comunicação.* São Paulo: Paulus, 2009.

MARONI, A. A. (2008). *E por que não?* Tecendo outras possibilidades interpretativas. Aparecida: Ideias & Letras, 2008.

MARRAMAO, G. (2004). *Kairós. Apología del Tiempo Oportuno*. Tradução de Helena Aguilà. Barcelona: Ed. Gedisa, 1992.

MERLEAU-PONTY, M. (1945). *Fenomenologia da percepção*. São Paulo: Martins Fontes. MERLEAU-PONTY, M. (1945). *Phénoménologie de la Perception*. Paris: Gallimard, 1945.

MILOVIC, M. (2006). "A impossibilidade da democracia". (2006). In: <www.conpedi.org.br/manaus/arquivos/anais/Miroslav%20Milovic.pdf>.

MORIN, E. (1977). *O método. 1. A natureza da natureza*. 2ª ed. Tradução de Maria Gabriela de Bragança. Mem Martins: Publicações Europa-América, s/d.

NIETZSCHE, F. (1886). *Para além do bem e do mal*. São Paulo: Cia. das Letras, 1993.

PRECIOSA, R. (2010). *Rumores discretos da subjetividade*. Sujeito e escritura em processo. Porto Alegre: UFRGS e Editora Sulina, 2010.

PROKOP, D. (1981). *Medien – Wirkungen*. Frankfurt, Suhrkamp, 1981, pp. 27-45. Publicado no Brasil em Dieter Prokop, *Sociologia*. Col. Grandes Cientistas Sociais, vol. 53, São Paulo: Ática, 1986.

PROUST, M. (1913-1927). *À la Recherche du Temps Perdu*. Paris: Gallimard, 1999.

PROUST, M. (1923a). *Sodoma e Gomorra*. Tradução de Mário Quintana, 15ª edição. São Paulo: Globo, 2001.

PROUST, M. (1923b). *A prisioneira*. Tradução de Manuel Bandeira e Lourdes Sousa de Alencar. 13ª edição. São Paulo: Globo, 2002.

PROUST, M. (1927). *O tempo redescoberto*. Tradução de Lúcia Miguel Pereira, 14ª edição. São Paulo: Globo, 2001.

REALE, G. (1995). *História da filosofia antiga*. Vol. 5. Léxico, índices e bibliografia. São Paulo: Loyola, 1995.

REZENDE, A. M. de, (2009). "Expansão do universo mental". In: Bion.

REZENDE, A. M. de, (2009). Verbete "Afecção". In: MARCONDES Filho, C. (org.) *Dicionário da Comunicação*. São Paulo: Paulus, 2009.

RICŒUR, P. (2000). Verbete "Ética". In: *Dictionnaire de la Philosophie*. Paris: Albin Michel, 2000.

Referências Bibliográficas

RILKE, R. M. (1929). *Cartas a um jovem poeta.* Tradução de Pedro Sussekind. Porto Alegre: L&PM, 2011.

ROMANO, C. *Lo Posible y el Acontecimiento.* Introducción a la Herméutica Acontecial. Tradução de Aníbal Fornari, Patrício Mena e Enoc Muñoz. Santiago: Ediciones Univ. Alberto Hurtado, 2008.

RÜDIGER, F. (2009). Verbetes "Escola de Columbia" e "Escola de Chicago". In: MARCONDES Filho, Ciro (org.). *Dicionário da Comunicação.* São Paulo: Paulus, 2009.

SABIDO, O. (2009). "Sorpresa y Repugnancia". In: LEÓN, Emma (org.). *Los Rostros del Otro.* Reconocimiento, Invención y Borramento de la Alteridad. Rubi (Barcelona): Anthropos. Ed. México – Universidad Autonoma – CRIM, 2009.

SAINT CHERON, M. de, (2010). *Entretiens avec Emmanuel Levinas 1983-1994.* 2ª ed., Paris: Le Livre de Poche, 2010.

SEBBAH, F. D. (2010). *Levinas.* Éditions Perrin, 2010.

SHAVIRO, S. (2002). "The Erotic Life of machines". In: Parallax 25 (octobre/decembre de 2002).

SOVIK, L. (2009). Verbete "Estudos culturais". In: MARCONDES Filho, Ciro (org.). *Dicionário da Comunicação.* São Paulo: Paulus, 2009.

WATZLAWICK, P.; BEAVIN, J. H.; JACKSON, D. D. (1967). *Pragmática da comunicação humana.* Um estudo dos padrões, patologias e paradoxos da interação. São Paulo: Cultrix, 1981, p. 243.

WINNICOTT, D. (1963). "Comunicação e falta de comunicação levando ao estudo de certos opostos". In: WINNICOTT, D. W. *O ambiente e os processos de maturação: estudos sobre a teoria do desenvolvimento emocional.* Tradução de Irineo Constantino Schuch Ortiz. Porto Alegre: Artes Médicas, 1983.

WORMS, F. (2000). *Le Vocabulaire de Bergson.* Paris: Ellipses Éditions, 2000.